JN068746

誰も教えてくれない

「部品工場の納期遅れ」

の解決策

その運用で取引先の信頼が保てますか?

本間 峰一 著

はじめに
～日本の製造業は部品工場が支えている

　本書は、工場経営の課題を正面から解き明かした「誰も教えてくれない」シリーズの第3弾です。第1弾の「工場の損益管理の疑問」、第2弾の「生産管理システムの正しい使い方」では、日本の製造工場全体に共通する課題と解決策を紹介しました。おかげ様でどちらも増刷を重ねてきました。

　今回は、日本の製造業で大多数を占める部品工場の納期管理に焦点を当てました。部品工場や製品工場で部品納期遅れ問題に悩んでいるところが、ここへ来て増えています。本書ではその実態と解決策をまとめました。

　TVドラマ「下町ロケット」には、大企業と部品会社の上下関係が誇張されて描かれています。大企業の理不尽な仕打ちに苦しめられる中小企業の姿に、エールを送った人も多いのではないでしょうか。しかし、現在の製造業界では下町ロケットのような世界は少なくなり、親会社と部品会社の力関係も逆転しつつあります。

　たとえば、下請部品工場が製造している部品が要求納期通りに納品されず、計画通りに製造できない製品工場が続出しています。納期遅れリスクを自社に転嫁されないようにするために、初めから注文を断ってくる部品工場も増えています。部品はスケジュール通りに納品されるもの、と安易に考えていた製品工場の中には、突然の納期遅れに右往左往しているところもあります。「日本の製造業は部品工場が支えている」ことが証明された、と言えるのではないでしょうか。

　部品工場の納期遅れ問題が顕在化した最大の要因は、人手不足が深刻化したことが理由です。ほかにも、新型コロナウイルス感染症問題や自然災害、事業継承者不足などで部品サプライチェーンが機能しないケースが頻発したことが、これまで比較的に軽視されてきた部品工場の納期管理の重要性に注目が集まるきっかけとなりました。今までの日本の部品工場は、何が何でも親会社からの要求納期を守るといった現場の精神論に支えられて運営されてきたところが多く、いったん混乱が生じると収拾がつかなくなる可能性があります。

　本書は、精神論に基づく行き当たりばったり状態だった部品工場の納期管理を、ITシステムなどを活用した科学的な納期管理に成長させるために、どう

すればいいかをまとめた本です。従来の生産管理理論や生産管理システムは計画生産型の製品会社のための管理方法として育ってきたために、受注生産型の多い部品工場のための生産管理の仕組みとしては十分ではありません。実際の部品工場の現場でどのような問題が生じているのか、ITシステムで収集した情報を使い、どのように分析して解決していくかを総合的に解説しました。

　本書は、次のような方に読んでいただきたいと考えています。

①部品工場を経営している方

②部品工場にお勤めの方

③部品工場から部品を調達している方

④部品工場の経営や情報システムをサポートしている方

　部品工場が活性化しなければ、日本経済の成長はあり得ません。本書を通じて日本の部品工場、さらには製造業全体の納期対応力が強化され、業界の永続的な発展が続くことを願っています。

　2020年9月

本間 峰一

注）本書では、「生産管理システム」の導入作業や活用に関する問題に関して、深くは解説していません。生産管理システムの導入や活用がうまく進まずに困っている場合は、姉妹書の『誰も教えてくれない「生産管理システム」の正しい使い方』もあわせてお読みください。

誰も教えてくれない
「部品工場の納期遅れ」の解決策
目 次

第2章 部品工場の納期管理が 混乱している

第3章 リードタイム実績を 見える化する

第4章　納期を守るためには どうすべきか

第5章　部品工場の納期管理を サポートする

第 1 章

部品工場が
納期を
守れなくなった

　部品工場に所属する方、もしくは部品工場から部品を調達する会社に所属している方が本書の主要な読者対象です。どちらの立場の方からも最近、部品の納期遅れが増えているという話をよく聞きます。そこで、なぜ部品の納期遅れが増えているのかに関して紹介します。日本の部品工場の特性、部品工場を取り巻く経営環境変化、業界構造問題、内部管理問題などさまざまな要因が重なり、部品工場の納期管理における混乱が広まっています。読者のみなさんの工場や取引先工場で、こうした問題は起きていないでしょうか。

1-1 〉日本の部品工場

　最初に、本書がテーマとする工場を明確にします。製造業者の工場は大きく
4つに分けることができます。

　①製品組立工場

　機械、自動車、エレクトロニクス製品などの最終製品工場で、部品工場でつ
くった部品を集めて製品を組み立てる工場です。組立工場は大企業の工場に多
いですが、中小規模の専用機械組立工場も存在します。

　②部品加工工場

　素材に対して何らかの部品加工を施して、製品に用いる部品をつくる工場で
す。日本の中堅規模の工場で最も多いタイプで、自動車部品工場が代表です。
組立会社や素材会社が、自社内工場もしくは関連会社工場として専用部品加工
工場を持っている場合もあります。

　③素材工場

　金属材料、樹脂材料など部品をつくるための素材を製造する工場です。プラ
ントでつくる形の工場が多いです。

　④加工製品工場

　食品、薬品、繊維製品、化成品など素材を加工することで最終製品をつくっ
ている工場です。

　本書のテーマとしている部品工場は、②の部品加工工場が中心です[1]。サプ
ライチェーン（供給連鎖）上は製品組立工場と素材工場の間に入ります。部品
工場の納期管理問題を理解するためには、部品工場特有の生産特徴を押さえて
おく必要があります。

🏭 加工機械で製造する

　部品工場の多くは製造機械を使って製造します。製造機械には切削機械、成
形機械、研磨機械、熱処理装置、塗装機械、めっき装置などがあります。

　1つの機械だけで部品を製造する単一工程型工場と、いくつかの製造機械を
経由して部品を製造するフロー工程型工場があります。フロー工程型にも、加

1　①、③、④の工場の一部にも本書の対象となる工場があります。

部品工場の属性

主な製造工場

🏭 素材工場

🏭 部品加工工場 ← 🔍 本書が
ターゲット
とする工場

🏭 製品組立工場

🏭 加工製品工場

ライン型生産とジョブショップ型生産

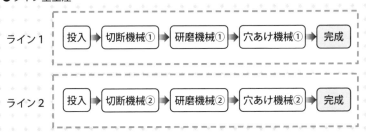

●ライン型生産

ライン1 投入 → 切断機械① → 研磨機械① → 穴あけ機械① → 完成

ライン2 投入 → 切断機械② → 研磨機械② → 穴あけ機械② → 完成

●ジョブショップ型生産

切断工程　　研磨工程　　穴あけ工程

投入 → 切断機械① 研磨機械① 穴あけ機械① → 完成
　　　 切断機械② 研磨機械② 穴あけ機械②

工工程順に製造機械が並んでいく中を加工部品が順番に流れるライン生産型工場と、同種の製造機械が集まっているエリアを加工部品が渡り歩いて製造するジョブショップ生産型工場があります。

ジョブショップ型に比べて、ライン型は設備投資費用がかかります。そのため、中堅規模以下の部品工場ではジョブショップ型が主流です。ジョブショップ型には同じショップに複数の種類の加工部品が流れてくるため、納期管理や製造機械のスケジュール管理が難しくなりやすい傾向があります。

🏭 汎用部品工場と専用部品工場

部品工場には、親会社からの依頼で専用部品を製造している工場と、自社オリジナルの汎用部品を製造している工場があります。専用部品工場は、取引相手の親会社からの注文で部品を製造するのが普通です。こうした工場を受注生産工場と呼びます。日本の部品加工工場の大半が受注生産工場です。

受注生産工場は、親会社が注文納期（納品リードタイム）を長く設定してくれると安定生産がしやすいのですが、親会社が短納期での納品要求をしてきたり、注文数量を途中で変更したりしてくると、納期対応が難しくなります。最近は、受注前に途中まで先行生産する形の受注生産が増えています。

汎用部品工場では、販売計画に基づいて生産計画をつくって部品製造するのが一般的です。最終製品工場に比べると営業部門が需要をコントロールしたり、販売計画をつくったりすることが難しいので、工場側だけで過去実績の延長や在庫状況を見ながら生産計画をつくっているところもあります。

汎用部品工場の生産リードタイム（部材調達リードタイム＋製造リードタイム）が長いと、需要変動に対応できずに過剰在庫と欠品を繰り返すようなことが起きがちです。部品商社のような、販売代理店経由で部品を販売している工場では代理店への短納期対応が必要になるため、納期対応に苦労しがちです。

🏭 部品工場の納期管理を考える上で押さえておくべきこと

一部の汎用部品工場を除けば、大半の部品工場は大企業の下請工場として発展してきました。その名残からか親会社に対して卑屈になりやすい傾向が見受けられます。たとえば、親会社からの要求納期はどんなに無理をしても守るといった精神論に走りやすいことですが、精神論が独り歩きすると何か問題があったときのリスク対策がおざなりになりやすく、それが納期問題として顕在化することがあります。

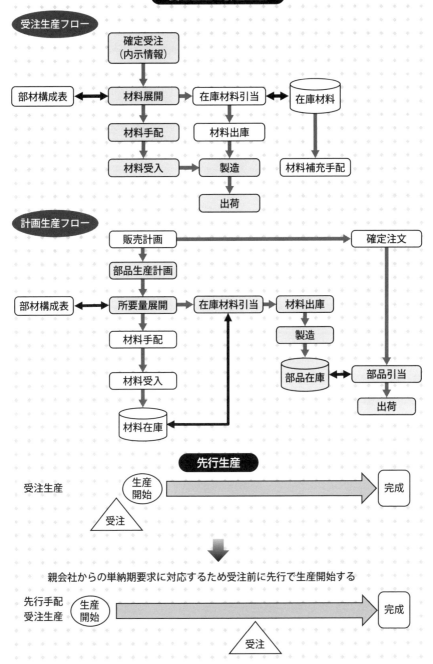

受注生産と計画生産

受注生産フロー

確定受注
（内示情報）

部材構成表 ⟷ 材料展開 ⟷ 在庫材料引当 ⟷ 在庫材料

材料手配 → 材料出庫

材料受入 → 製造 ← 材料補充手配

出荷

計画生産フロー

販売計画 → 確定注文

部品生産計画

部材構成表 ⟷ 所要量展開 → 在庫材料引当 → 材料出庫

材料手配 → 製造

材料受入 → 部品在庫 ⟷ 部品引当

材料在庫 → 出荷

先行生産

受注生産　生産開始 → 完成
受注

親会社からの単納期要求に対応するため受注前に先行で生産開始する

先行手配
受注生産　生産開始 → 完成
受注

　日本の製品工場の購買担当者は、日本の部品工場は要求納期を守ってくるという前提で、部品調達計画を作成しています。日本の調達部品の要求納期遵守体制は、下請部品工場の献身的な努力によって支えられてきました。今までの部品工場は、取引先である親会社からの要求納期遵守は絶対条件だと捉えていました。何としても要求納期は守るという気概で、工場運営してきた部品工場も多かったです。

　ところが、2010年頃を境に、この考え方が通じなくなってきました。日本の製造業界を取り巻く環境が大きく変化し、予定通りの部品生産が行えなくなった工場が増えたからです。納期遅れが頻発している部品工場も増えています。ここでは、日本の部品工場を取り巻く変化に関して取り上げます。

製品品種が増えた

　部品工場の納期遅れが増えている最大の要因は、製造する部品が多品種化したことにあります。部品加工には段取り替えなどのセットアップ作業がついて回るため、品種が増えると正味の製造時間比率は小さくなり、待ち時間比率が高くなります。いつ、どの設備でつくるかなどの製造工程計画・管理も複雑化します。

　こうしたことが積み重なると、必然的に製造リードタイムは長くなり、納期は守りにくくなります。

人手不足状態になった

　新型コロナウイルス感染症問題で一時的に緩和しましたが、日本の製造業界は慢性的な人手不足状態にあります。少子化の影響で労働者が減ってきていることに加え、若年労働者が工場のような3K職場への就職を嫌がるようになりました。部品工場の軽作業を支えてきた主婦によるパートも、社会保険や扶養控除制限などの影響で勤務時間を増やしてもらうことは期待できません。外国人技能実習生を使って労働力不足を補うのも、すでに限界にきています。

　政府の働き方改革推進により、従業員の残業規制が強化されました。2020

部品会社と親会社の立場が逆転

納期遅れの主な原因

◇ 工場の生産能力が足りなかった

◇ 部品や材料が入ってこなかった

◇ 生産計画や生産手配に不備があった

◇ 製造進捗管理が十分にできていなかった

◇ 不良品が生じて納品できなかった

◇ 災害や事故が起きて工場や物流がストップした

◇ 情報システムが止まって生産できなかった

年4月からは、大企業だけでなく中小企業に対しても、従業員の残業時間上限規制が設けられました。要求納期を守るために、長時間労働で対応することもできなくなりました。

🏭 自動機械が製造能力の限界を顕在化させた

製品自体が高度化するにつれて、人手中心ではなく高度な自動加工機械を使って製造するケースが増えています。また人手不足を補うためや、感染症対策のためにロボットなどの自動機械を導入する工場も増えています。

自動機械は多品種対応しやすいため、柔軟な製造活動ができます。しかし、機械生産は人手生産とは異なり、発揮できる能力に限界があります。人手作業のように、増員によって急な増産要求や無理な納期要求に対応するようなことはできません。

🏭 安易な海外依存が増えている

工場の製造を安定させる原則は、製品生産地の近くで部品生産することです。ところが、海外生産による調達・製造コスト削減ばかりに目が向いて、納期・在庫問題を軽視した海外活動をする企業が増えました。

生産地が距離的に離れている場合は、変動対応のための部品安全在庫を大量に保持しておかないと欠品が発生します。また、両者が離れることで物流リードタイム（日数）が長くかかるようになり、納期調整も難しくなります。

🏭 想定外の災害が増えている

環境変化の中で災害などが起きると、部品のサプライチェーン（供給連鎖）が突然機能しなくなり、部品調達は混乱します。東日本大震災、台風による水害、新型コロナウィルス感染症問題など、納期管理が弱体している中でこうした災害が起きたことにより、納期対応に関する混乱が増幅されるようになりました。

🏭 生産管理システムが機能していない

このほか、部品工場の納期管理がうまくいかなくなった原因には、部品工場の生産管理システムが機能しない問題があります。特に中堅・大企業の部品工場の生産管理システムが混乱しています。この件については2-2項で改めて紹介します。

人手不足時代の到来

◇ 少子化で若年労働者が減っている

◇ 熟練工が退職時期を迎えた

◇ 年収制限でパートが残業してくれない

◇ 派遣社員依存により正規社員がほとんどいない

◇ 3K イメージが強く若者が就職しない

◇ 外国人技能実習生が集まらない

◇ 給料を抑え過ぎたために人が集まらない

◇ 事業承継してくれる後継者がいない

◇ 感染症が企業のリストラを誘発した

人手不足は
大企業よりも
中小企業の方が深刻

海外で生産するリスク

◇ 国内工場の固定経費負担が重荷となる

◇ 余分な物流費用や在庫負担が発生する

◇ 海外調達はロット補償を要求されることが多い

◇ 品質管理に手間や費用がかかる

◇ 物流、検品、手直しなどでリードタイムがかかる

◇ 海外では熟練労務者がすぐに辞めてしまう

◇ 行政の方針変更が頻繁に起こる

◇ 撤退費用が想定外にかかる

◇ 物価や賃金水準の上昇が激しい

◇ 感染症などで輸出入制限が起きる可能性がある

海外生産のリスクが
顕在化したことで
国内生産に回帰する
企業が増えている

　部品工場の納期管理が難しい原因に、製造段階で人手作業と機械作業が混在することがあります。

🏭 自動化工場にはMESがある

　工場全体がほぼ機械制御された自動化工場では、コンピュータが製造機械自体の制御だけではなく、製造品の搬送や取り付け、取り外しなども制御します。生産計画担当者が実行可能な生産計画を立案すれば、あとは工場のコンピュータが指示した通りに粛々と生産活動が行われます。

　自動化工場の代表が、化学工場や食品工場など大企業のプラント工場です。プラント工場の化学プラント制御は、MES[2]（製造実行システム）という設備制御システムが実行します。生産管理システムから受け取った生産指示をベースに、MESが製造設備を制御して製造します。MESは製造工程の実行進捗情報と実行結果情報を生産管理システムに戻します。

　自動化工場で生産指示通りに生産が行われないケースは、生産管理よりも設備故障や品質不良が原因であり、こうした問題の発生をなくすことができれば、製造管理担当者はそれほど苦労しなくても要求納期を守ることが可能です。

🏭 人手工場は熟練作業員に支えられている

　自動化工場の対極にあるのが大型製品の組立工場です。組立工場ではほとんどの生産作業を人手で行っています。人手中心の組立工程では、機械製造とは異なり、標準製造時間の精度を高くすることは困難です。個人差による製造能力の違いに加え、作業者個人の判断で作業スピードが変化することもあり得るからです。

　生産管理部は、余裕時間を加味して標準製造リードタイムを長めに設定し、納期遅れが発生しないようにします。組立作業者は、作業内容の難度や余裕時間により作業スピードを調整します。工程計画作成や納期遵守は各作業者の経

2　Manufacturing Execution System の略です。

MES（製造実行システム）

化学、医薬品、食品、半導体工場などで生産管理システムと製造設備（プラント）の間に入って製造制御や製造監視を行うシステムを MES と呼ぶ

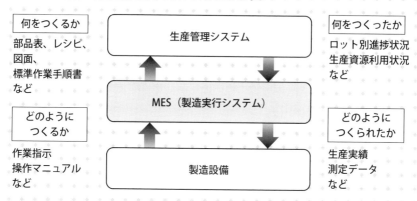

何をつくるか

部品表、レシピ、
図面、
標準作業手順書
など

何をつくったか

ロット別進捗状況
生産資源利用状況
など

どのように
つくるか

作業指示
操作マニュアル
など

どのように
つくられたか

生産実績
測定データ
など

自動化工場では MES がコントロールしているところが多い

現場で人が柔軟に作業対応する

験と裁量に任せられるのが普通です。

　現場に熟練作業者が揃っている場合は、作業者が柔軟に納期調整をしてくれるため、納期管理はそれほど苦労しません。プラント工場のMESの代わりを、優秀な現場作業担当者が行ってくれると考えればわかりやすいと思います。

　ただし、こうした状態が続くと、生産管理をコンピュータシステムを使って行うという発想が出てこなくなり、現場任せの納期調整が横行します。

🏭 部品工場は両者の中間にあるので難しい

　日本の大半の部品工場は両工場の中間状態にあります。半導体工場を除けば、部品工場で完全自動化している工場はほとんどありません。

　大半の部品工場がNC工作機械などの加工機械を独立して使い、部品加工しています。規模が大きな部品工場になると、部品加工工程が複数になり、加工部品は複数の製造機械をわたってでき上がります。

　部品加工自体は機械で自動的に行われますが、加工の前後工程は人手作業で行われるのが一般的です。たとえば材料や購入部品の検品作業、部品や材料在庫の入出庫作業、仕掛部品の工程間搬送作業、加工機械への加工部品の取り付けや取り外し作業、機械のセットアップ作業、最終検査や梱包作業などです。

　製造機械の標準加工時間はあらかじめ決めることができますが、すべての人手作業時間まで厳密に標準時間管理までしているところはありません。こうした人手作業には付随的な作業が多く、熟練作業者による製造作業とは違い、柔軟な現場調整をすることも難しいです。

　工程計画作成は、製造機械の作業時間や製造能力にも左右されます。製品品種が少ない場合は適切な計画を作成することもできますが、品種が増えてくると計画は行き当たりばったりのような状態になりがちです。どこかの工程の製造能力が不足したり、受注変動や内示変動が多発したりすると、納期管理は混乱してきます。

　製造現場や生産管理担当者は、辻褄合わせの納期調整のために工場内を飛び回ることを余儀なくされ、精度の高い計画立案どころではなくなります。

　モグラたたきのように、要求納期が迫っている特急オーダーをこなすことに追いまくられ、過剰在庫調整や生産性向上について考える余裕がなくなります。現場は常に製造能力不足を問題視するようになります。

機械作業と人手作業が混乱する

工程計画の変更が多発して現場が混乱

1-4 > 需要変動が能力不足を直撃した

　需要変動は、サプライチェーン（供給連鎖）に沿って消費者側から上流側の企業に向かうにつれ、増幅すると言われています[3]。新型コロナウイルス感染症問題で、一時的にトイレットペーパー不足が発生しましたが、消費者への販売時の需要変化がそれほど大きくなくても、小売業者→卸売業者→製品メーカー→部品・材料メーカーと、サプライチェーンを遡るにつれて変動が大きくなりました。

　部品業界での需要変動の代表が、シリコンサイクルと呼ばれるエレクトロニクス関連部品の需要変動です。こうした需要変動が部品工場を直撃すると、製造能力不足で生産できなくなり、納期遅れや欠品問題が発生します。需要変動の発生原因には主に2つあります。

🏭 ロットまとめによる需要変動

　需要変動の原因の1つが「ロットまとめ納品」です。商店で消費者が商品を1つずつ買ったとします。卸売業者（問屋）から商店への商品納入や、メーカーから卸売業者への商品納入が24個入りなどのロット数量単位で行われていた場合は、ロットまとめによって需要変動が起こります。

　サプライチェーンを遡るほど納入ロット数量は大きくなり、需要変動は徐々に増幅されるのが一般的です。サプライチェーンの上位に位置する部品工場の経営では、需要変動の影響を常に意識しておく必要があります。

　大量の商品が日常的にコンスタントに売れている状態にあれば、ロットまとめによる需要変動はほとんど無視できます。しかし、販売量が少ない商品や大きな販売変動が起きることの多い商品の手配では、ロットまとめによる需要変動は無視できません。

　ロットまとめによる需要変動に対する対策が、1個流しに代表される小ロット納品です。しかし、納品ロットを小さくすればその分の物流コストは増えるため、ロットまとめを減らすことが難しい業界もあります。

3　経営管理用語では「ブルウィップ効果」と言います。

需要変動は増幅する

サプライチェーンを遡るにつれて需要変動は増幅する

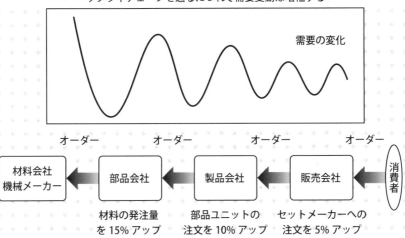

| オーダー | オーダー | オーダー | オーダー |

材料会社
機械メーカー ← 部品会社 ← 製品会社 ← 販売会社 ← 消費者

需要の変化

| 材料の発注量
を 15% アップ | 部品ユニットの
注文を 10% アップ | セットメーカーへの
注文を 5% アップ |

ロットまとめの功罪

部品会社 → 製品会社 → 販売会社 → 消費者

構成部品は 120 個
単位で販売

販売会社へは
1 ダース（12個）単位で販売

消費者へは
1 個単位で販売

▥ 思惑の累積による需要変動

　需要変動が起きるもう1つの原因が、サプライチェーン上での受発注に関わる担当者の思惑（サバ読み）の累積です。サプライチェーンの各段階の調達担当者が、欠品が発生しないように自分の思惑で余分に発注したり、在庫が増えてきたからと急に発注量を抑制したりすることがあります。

　調達担当者の思惑による発注変動が、受発注を繰り返す中で増幅されて上流工程に伝わっていくことでも、需要変動は発生します。この問題の代表事例が前述のシリコンサイクルですが、ほとんどの部品業界で大なり小なり発生しています。

　新型コロナウイルス感染症問題でのマスク、トイレットペーパー、小麦粉などの不足問題も、思惑による需要変動の典型です。需要変動対策を考える上では、取引先の調達担当者が思惑に振り回されやすいかどうか見極めることも重要です。

▥ サプライチェーンマネジメントが機能しない

　需要変動による混乱を解消するために期待されたのが「サプライチェーンマネジメント（SCM）」と呼ばれる、サプライチェーンを構成する企業間での情報共有の仕組みです。お互いが保有している需要情報や供給情報を共有することでサプライチェーン上での在庫偏在を減らし、全体最適在庫と平準化生産の実現を目標としました。

　サプライチェーンマネジメントは、情報ネットワークやデータ解析技術の発展とともに期待が集まりました。AIやIoTを駆使することでスマート工場を実現するというアプローチのベースにも、サプライチェーンマネジメントの考え方があります。

　しかし、サプライチェーンマネジメントは思ったほど効果を発揮できませんでした。いくらサプライチェーン上で情報を共有しても、結局はチャネルリーダーとなっている大企業の考え方にサプライチェーン全体が左右されてしまうからです。

　たとえば、同じ自動車業界でもトヨタ自動車起点の部品需要変動は小さいのに対して、日産自動車起点による部品需要変動は激しいと言われています。この違いは、両者の部品サプライチェーンコントロールの考え方の差から生じています（章末のコラムで取り上げています）。

現場のサバ読みで生産量が増える

どうせまた明後日オーダー来るからな

今日は余力があるから指示書の2割増しでつくっておこう

作業量

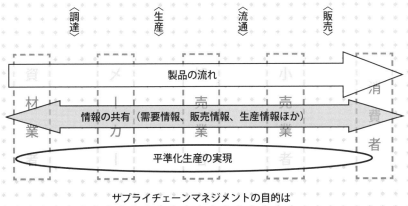

サプライチェーンマネジメントの意義

〈調達〉 〈生産〉 〈流通〉 〈販売〉

資材業者 メーカー 卸売業者 小売業者 消費者

製品の流れ

情報の共有（需要情報、販売情報、生産情報ほか）

平準化生産の実現

サプライチェーンマネジメントの目的は
情報共有により
平準化生産を実現させることにある

　日本の部品工場の納期管理を難しくしている要因の1つに、大企業から出てくる内示情報の存在があります。内示情報とは、親会社が下請部品工場に対して正式な注文書を送る前に、提示してくる部品調達予定情報です。製品の生産計画情報を部品展開して作成しているところが多いです。部品工場に対してEDIデータやExcelデータ、FAXもしくはPDFデータで送ってくる工場などがあります。部品工場の多くが、こうした内示情報で生産開始しなければならない状態に追い込まれています。

■ジャスト・イン・タイムが内示を生み出した

　日本で内示が活用されるようになった背景には、トヨタ生産方式のジャスト・イン・タイム（JIT）ブームがあるようです。トヨタ生産のJITコンセプトに感化された大企業経営者や金融機関は、工場に対して在庫を減らせと指示しがちです。トヨタ生産方式のコンサルタントの中にも、そのように主張するコンサルタントがいます。

　資金繰りの厳しい中小企業の場合は、過剰在庫が倒産の引き金になる可能性があるため、在庫は極力少なくすることが求められます。しかし、資金に余裕のある大企業が、すぐに消費される在庫まで無理に減らす必要はありません。在庫を減らし過ぎると、工場の計画変動対応力が減少します。工場運営を効率化させるためには、本来適切な量の在庫を持つべきです。

　ところが、そんなことはお構いなしで、トヨタに倣って在庫を削減しろと指示する大企業経営者がいます。

　経営者による在庫削減指示の影響を受けて、大企業の購買部門は部品在庫を減らそうと努力しました。しかし、購買部門は生産計画を作成・調整する立場ではないため、自分で購入量をコントロールすることはできません。その代わりに、購入リードタイムを短くして発注するようになりました。それが、部品工場に対する組立工程へのジャスト・イン・タイム（JIT）納入要求となったわけです。

　納入側の部品工場が、JIT納入対応のために短いリードタイムで生産すると

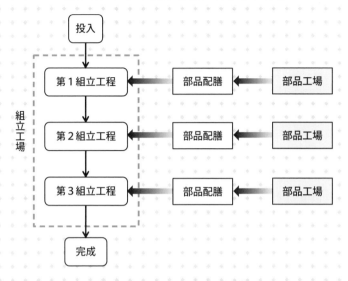

ジャスト・イン・タイム納入のイメージ

投入

組立工場

第1組立工程 ← 部品配膳 ← 部品工場

第2組立工程 ← 部品配膳 ← 部品工場

第3組立工程 ← 部品配膳 ← 部品工場

完成

ジャスト・イン・タイム（JIT）納入
対象組立工程の開始直前に、組立部品を部品工場から組立工程に
直接配膳する（基本は1日前以内）

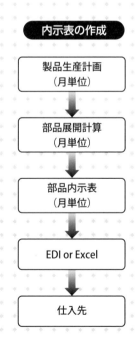

内示表の作成

製品生産計画
（月単位）

部品展開計算
（月単位）

部品内示表
（月単位）

EDI or Excel

仕入先

いっても限界があります。部品工場に多い受注生産型の場合は、親企業からの注文に基づいて生産します。要求納期が短いと、注文がきてからの生産開始では要求納期に間に合いません。

そこで、あらかじめ納入企業に内示情報という形で生産計画を流しておき、先行して生産準備に入ってもらおうとする親会社が出てきました。

当初の内示情報は、親会社による部品工場に対する親切心から始まったのかもしれません。ところが時代を経るにつれ、内示情報は部品工場の経営を脅かす怪物になっていきました。内示情報を流しているからと、確定注文は数日前まで出さないというような親会社が出てきています。部品工場が確定注文を待っていると、指定納期までに生産完了することができません。そこで、部品工場は内示情報を元に生産を開始するのです。

内示情報と注文とが同じ数量、納期であれば問題ありません。しかし親会社の中には、内示情報はあくまで内々（非公式）ということで、内示情報と確定注文の内容を平気で変えてくる会社があります。これでは、部品工場の生産はたまったものではありません。部品工場は、内示と確定注文の差異を分析しながら生産指示調整することを余儀なくされます。

生産指示調整がうまく機能すれば問題ありませんが、うまくいかなかった工場が納期遅れや欠品を起こすことは避けられません。余剰在庫を生み出す根源にもなります。

契約が重視される海外の部品取引では、基本的に内示という概念はありません。部品工場に生産計画を開示しているところはありますが、部品注文の起点はあくまで確定注文です。注文後の変更も最低限に抑制されています。内示情報があるからと、極端に短いリードタイムで発注する日本の部品取引が健全なものであるかは疑わしいですが、いつのまにか日本の部品取引現場では、内示情報と納期直前の確定注文（もしくは納入指示）が当たり前となってしまいました。多くの部品工場はこの仕組みに泣かされています。

欧米製のERP（統合業務）パッケージの受注管理機能は、内示情報による生産手配に対応していないため、部品工場がそのまま使って生産手配することができません。

一方、日本製の生産管理パッケージでは、内示情報を管理する機能を搭載しているものが増えています。ただし、日本製でもシステムで管理できるのは、両者の数字変動の比較だけです。発注企業の内示数字がいい加減であれば、生産管理は十分に機能しません。

内示変動の例

下記のような変動内示を出してくる親会社もある
これだけ内示変動が起きると、そのまま生産指示に使うことは困難

時期	2カ月前内示	1カ月前内示	当月内示	出荷実績	出荷実績-2カ月前内示	出荷実績-1カ月前内示	出荷実績-当月内示
2020年1月	20,000	18,000	15,000	12,000	▲8,000	▲6,000	▲3,000
2020年2月	16,000	12,000	5,000	3,000	▲13,000	▲9,000	▲2,000
2020年3月	10,000	10,000	5,000	6,500	▲3,500	▲3,500	1,500
2020年4月	10,000	8,400	6,000	5,000	▲5,000	▲3,400	▲1,000
2020年5月	10,000	8,400	5,000	3,200	▲6,800	▲5,200	▲1,800
2020年6月	10,000	8,400	8,400	6,800	▲3,200	▲1,600	▲1,600
2020年7月	10,000	6,000	6,000	4,900	▲5,100	▲1,100	▲1,100

内示を信じて生産すると工場は混乱する

内示管理画面の例

部品工場の製造現場から、特急対応が多過ぎるという不満を聞くことが増えています。特急対応に追われて納期管理どころではない、と嘆く工場関係者もいます。製造現場で特急対応が相次ぐ原因を整理します。

🏭特急オーダーが多発する要因

①オーダー変更が多発している

特急対応が増える最大の理由は、そもそもの親会社からの注文内容や内示情報が変動することにあります。特に、受注設計生産型の機械メーカーの部品調達が問題とされます。納期ギリギリまで仕様変更や設計変更が起きる可能性があり、確定発注が納期の直前になったり、特急オーダーばかりが乱発されたりしやすい傾向があります。

②サバ読みによる手配がはずれた

サバ読みとは、担当者がリスク回避のために、数字を変えて関係者に伝達する行為のことです。営業担当者が、取引先が要求する納期の数日前の納入日付を要求してくるとか、工場関係者が実際にでき上がる日の数日後を完成予定日として回答してくるなどがサバ読み行為の代表です。

営業部門に提示されている標準リードタイムへの信頼が低いと、営業部門はサバ読みによる先行手配を行いがちです。サバ読みが横行している工場内では、相手から示される数字に対する疑心暗鬼の状態が蔓延しやすくなります。サバ読みがうまくいけばいいですが、はずれた場合は過剰在庫や特急オーダーの山となります。

サバ読みの延長で問題になっているのが、つくり過ぎによる生産能力不足の影響です。誰かが売れると思って特定部品の生産量を増やしたことで、急に生産が必要になった部品が能力不足で生産できない状態になることです。だからといって、闇雲に能力を増やすと過剰設備で利益確保が難しくなります。

③設定標準リードタイムが長過ぎる

あらかじめ設定している標準生産リードタイムが長い工場ほど、特急対応が起きやすいという問題があります。この話はあまり知られておらず、意外に思

工場内に特急指示が横行する

頻発する発注内容の変更

う方が多いかもしれません。標準リードタイムが長ければ、あわてて生産しなくても間に合うと考えるのが普通です。

3-4項で説明しますが、生産リードタイムのほとんどは滞留（待ち）時間です。実際に製造している時間は10%程度しかない部品工場も多くあります。このことは、標準リードタイムが30日の加工部品の場合、最優先で製造すれば3日ででき上がることを意味します。

現場の担当者がこの事実に気づくと、次のようなことが行われることがあります。対象加工部品の納期の3日前になると、その加工部品がどこの工程にあるのか探し出し、特急オーダーに切り替えます。これで、ほとんどのケースで納期遅れは抑制されます。

毎回、現場で調整するため下流工程は特急オーダーの山となり、中間工程は特急変更待ちの滞留在庫の山となります。生産管理システムはほとんど役に立ちません。生産伝票を印刷するだけにしか使えないことになります。

📔 標準リードタイムを見直そう

サバ読みにしても特急指示にしても、標準リードタイムが短ければそれほど発生しません。オーダーが発行された順番通りに先入れ先出し生産しているだけで、製造現場は手一杯になるからです。

それでは、なぜ標準リードタイムは長くなるのでしょうか。その原因には3つの問題が考えられます。

1つ目は、生産管理システムでは各工程リードタイムに、リスクに備えた余裕時間を組み込むことが多いためです。工程数が多いと余裕時間が加算されていくため、どうしても全体標準リードタイムは長くなります。

2つ目は、各工程リードタイムが日単位になっている影響です。これはMRPパッケージ利用企業で見られるケースで、数時間で終わる工程も1日と設定されるために、工程数が増えると全体標準リードタイムが長くなります。

3つ目は、そもそもの生産リードタイム実績の分析がなされていないことです。生産リードタイムの中心は製造時間ではなく待ち時間のため、機械能力だけで算出することは困難です。そのときのオーダー数などでも変化します。

標準リードタイムは過去の印象で決められていることが多いですが、リードタイム分析を繰り返すことで精度が上がっていきます。分析方法は3-2項で詳しく紹介しますが、リードタイム分析は極めて重要です。分析によってリードタイム長期化要因を抑制することができます。

リードタイムの長期化による特急対応

標準生産リードタイム 30 日＝正味製造時間 3 日＋想定待ち時間 27 日

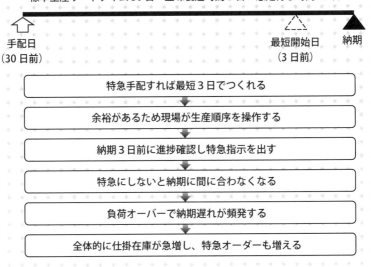

特急手配すれば最短 3 日でつくれる

↓

余裕があるため現場が生産順序を操作する

↓

納期 3 日前に進捗確認し特急指示を出す

↓

特急にしないと納期に間に合わなくなる

↓

負荷オーバーで納期遅れが頻発する

↓

全体的に仕掛在庫が急増し、特急オーダーも増える

余裕時間でリードタイムが長くなる

生産管理システムでは各工程のリードタイムに余裕時間を加えるのが一般的なため、現場が先入れ先出し生産をした方が短いリードタイムで生産できる可能性がある

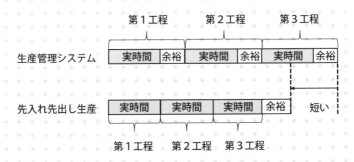

　日本の部品工場を訪問すると、生産管理部の若手担当者が工場内を走り回って納期調整している姿に出くわすことがよくあります。生産管理担当者の本来の役割は生産計画の作成や計画調整のはずですが、そうした仕事ではなく、工場内を回って製造現場に対する進捗状況の確認や現場調整作業に追われています。

　筆者は、こうした仕事をしている生産管理担当者を、「納期調整役」とか「工程追っかけマン」と呼んでいます。本項では、なぜ納期調整役が工場内を走り回っているかを検証します。

🏭 現場に行かないと実態がわからない

　生産管理システムが機能していれば、わざわざ納期調整役の担当者が現場に確認に行かなくても、画面を見るだけで進捗状況はつかめるはずです。ところが部品工場の生産管理担当者に聞くと、実際に製造現場に行かないと本当の進捗状況はつかめないと話す人が多いようです。

　なぜ、納期調整役が現場確認しないといけないのか、それは工場の生産管理システムが十分に機能していないからです。生産管理システムは、生産活動を効率良く行うことを支援するために使う情報システムのことです。ところが、高い費用をかけて生産管理システムを構築したのに、実際には生産に用いる各種の指示伝票をただ印刷して、現場に配るだけにしか使っていないケースが多数見られます[4]。

　代表的な生産伝票には、外部に部品や材料を注文するための「注文書」、生産部品を部品倉庫から製造現場に配膳するための「配膳指示書」、製造現場への「製造指示書」、製品出荷のための「出荷指示書」などがあります。

　「生産予定表」「現品票」「ピッキングリスト」「ロットトレース伝票」「在庫移動指示書」「品質管理表」なども生産伝票です。生産管理システム画面にある伝票印刷ボタンをクリックすると、これらの生産伝票が印刷され、それが製造現場の実務担当者に渡されて生産活動が行われます。

4　筆者は、こうしたシステムを揶揄して生産伝票発行機と呼んでいます。

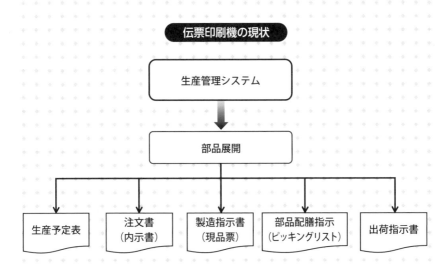

生産管理システムはほぼ生産伝票を印刷するだけに使われている

工場を動かす上で、コンピュータシステムによる生産伝票発行は欠かせません。経営者や多くの工場関係者は、コンピュータから必要なタイミングで必要な生産伝票が発行されてさえいれば、生産管理システムは機能していると考えがちです。

　しかし生産伝票を印刷するだけでは、生産管理システムが本来サポートしなければならない「納期（リードタイム）」「在庫」「生産性向上」などの管理が十分に行えません。予期せぬ生産変動が発生したときに、タイムリーな変更対応が難しいのです。

　特に親会社からの変更指示が相次ぐような受注生産型の部品工場の場合は、伝票印刷しているだけでは満足な納期管理はできません。こまめな製造進捗把握と、変更に合わせて製造調整が必要です。コンピュータシステムに代わって、この作業を行っているのが納期調整役なのです。

　実際に彼らの献身的な努力によって、要求納期遵守が達成しているという部品工場も数多く存在します。納期調整役としての自分の仕事に、いきがいと誇りを感じている人も多いです。

🏭 納期調整役による管理の何が問題か

　納期調整役による進捗管理は、生産システムを全体最適する側面から見た場合に、正しい対応をしているとは言えません。納期調整役によるモグラたたき的な現場対応は、緊急時の火消しにはなっても、経営管理面から見るとムダを生み出す温床になりかねないからです。

　本来、生産管理担当者が行うことは、最適な生産を実現するための調整作業です。コンピュータシステムを使うことで、そのための情報収集や分析を行います。調整作業自体は、生産管理システムがあればわざわざ現場を走り回らなくても、事務所内やテレワーク環境でもコントロール可能です。

　それができない生産管理システムを使っているということは、導入システムに何らかの欠陥があるか、生産管理部内に生産管理システムを活用していこうという意識が高まっていないかのどちらかです[5]。納期調整役の仕事をシステム化することが、部品工場の納期管理の第一歩です。

5　詳しくは参考文献1をお読みください。

納期調整役の主な仕事

◇ 調整役が工場内を回り、加工部品の製造進捗を確認する

◇ 製造現場の班長とその日に製造するものを調整する

◇ 翌日に製造するための加工部品を前の晩に確認する

◇ 要求納期に遅れそうな加工部品や購入部品に督促を出す

◇ 遅れそうなオーダーに特急対応指示を出す

◇ 生産実績記入表を収集してコンピュータに入力する

納期調整役管理の何が問題か

◇ 目前の問題解決が優先で、原因究明がおざなりになりやすい

◇ 暫定対応が他の問題発生を誘発する可能性がある

◇ 部分最適がはびこり、全体最適観点から見ると問題なことがある

◇ コンピュータからの指示内容との乖離が放置されやすい

◇ 他者からは何が起きているかを把握しにくい

◇ 担当替えがあったときに同じ対応をとることが難しい

◇ 自身の向上心や改革志向が低下しやすい

日産自動車の内示変動

　コンサルタントとしてさまざまな部品工場を訪問すると、内示変動があまりに大きくて困っていると名指しされる親会社がいくつかあります。某機械メーカーや某電気製品メーカー、某事務機メーカーなどですが、最も評判が悪いのが日産自動車の部品調達です。同じ自動車業界でもトヨタやホンダの内示精度はあまり問題視されませんが、日産自動車の内示精度に関しては多くの自動車部品会社が声を揃えて「困っている」と話しています。

　知り合いの日産自動車の生産管理関係者にも「何とかならないか？」という話をしたことがあるのですが、彼らでもどうしようもないということでした。

　この問題の背景には、同期化生産（顧客への限りなき同期化）という日産自動車伝統のコンセプトがあるようです。このコンセプトでは、トヨタ生産方式以上に「売れたモノをつくる」ということにこだわっており、計画的に先行手配するという考え方とは相容れません。そのためもあってか、日産自動車は内示情報の精度向上には無頓着なようです。

　しかし、この考え方はあまりにも独善的過ぎます。多くの自動車部品会社が困っている現実もあり、日産自動車には同期化生産という虚構を考え直してもらいたいものです。

第 **2** 章

・・・・・・・・・・・・・・・・・・・・・

部品工場の
納期管理が
混乱している

　日本の部品工場の納期管理がなぜ混乱しているのかについて、主に工場内の管理面から見た問題点を取り上げていきます。最大の問題は「現場任せの製造進捗管理」です。これは今までの日本の製造業者の強さを象徴してきた内容ですが、経営環境の変化に伴ってこの強みが納期対応を混乱させるようになってきました。そしてもう1つは、「自社の業務に適合しない生産管理システムの利用」です。この背景には、MRP生産管理ロジックへの過度な期待があります。システム会社のMRPパッケージ提案には気をつけましょう。MRPは、部品工場の生産管理には向いていません。

2-1 生産管理部がないから 納期対応ができない

　納期遵守率が低い部品工場には、生産管理自体がうまく機能していないところが多いようです。生産管理がうまく機能しない理由を以下に整理してみました。

　部品工場の納期管理を担うのが、生産管理部とそれを支える生産管理システムです。この2つがしっかり機能していない部品工場が、納期遵守率を高めることが難しいのは当然の話です。ところが、両者が機能していない工場はまだ少なからず存在します。読者のみなさんの工場でも、こうした状態になっていないか確認してみてください。

🏭 生産管理部がない工場

　「中堅規模以上の工場の生産管理は、生産管理部が行っているはず」と考える方も多いかと思います。ところが、生産管理部自体がないか、もしくはほとんど機能していないという中堅・大規模工場にいくつも出会いました。

　それらの工場では、誰が生産管理業務を行っているでしょうか。よくあるのが、製造現場の班長が行っているケースです。班長が自工程に届いた製造指示と加工部品を確認して、自工程の製造能力を見ながら製造順序を考えて製造します。加工部品が届いていない場合は班長自らが前工程に探しに行くこともあります。

　部品工場の場合は受注生産工場が多いため、とりあえず注文が来たらそのまま現場に製造指示を流し、あとは現場が伝票納期を見て進度調整します。歴史のある工場でかつ製造現場の管理能力が高い工場では、こうした運用で回している工場が多く残っています。

　ただし製品品種が増えたり、納期遅れする工程が増えてくると、製造現場任せの生産管理だけで納期管理をすることは難しくなってきます。部品製造工程全体を通した効率的な生産計画策定や、それに基づく生産指示と進捗監視が欠かせません。それを担う役割にある部署が、工場全体の生産を司る生産管理部です。

　生産管理部には、日常の生産監視だけではなく、工場の納期遅れもしくは

生産管理部がない工場

工場長
- 生産管理部 ── 生産管理部がない工場も存在する
- 製造部
- 購買部
- 生産技術部
- 設計技術部
- 総務・経理部

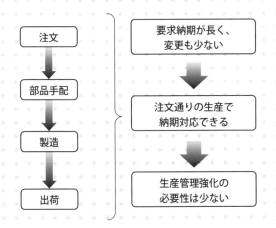

公共事業系の生産手配

注文
↓
部品手配
↓
製造
↓
出荷

要求納期が長く、変更も少ない
↓
注文通りの生産で納期対応できる
↓
生産管理強化の必要性は少ない

リードタイムが長くなっている原因を分析し、対策を立案する役割が求められます。生産管理部のない工場には、こうした分析をする部署がないことになり、業務改善活動は進まなくなります。生産管理部は、部品工場になくてはならない組織です。生産管理部がない工場は、いきなり生産管理部とは言わずとも生産管理を担当する組織をまずつくりましょう。

🏭 親会社の言われるままにつくっていた時代は終わった

生産管理部がないのは、製造現場が優秀な工場だからだけではありません。親会社からの注文が安定しており、今までは生産管理の必要性がなかったという工場もあります。

親会社からの注文品種数は限定的で、要求納期も長く、注文変動も少ない。こうした部品工場では、親会社の注文に合わせて製造しているだけでも、大きな問題は生じていません。

本書を手にとられている方は、納期問題で苦労されている方が多いでしょうから、そんな親会社があるのかと疑問に思われるかもしれません。たとえば、公共事業関係の製品製造をしている製造業界では、長年にわたってこうした取引慣行での生産活動が行われてきました。年度初めに、その年度の生産数量がほとんど決まるという工場もあります。

こうした親会社の下請部品工場では、生産管理はそれほど重要な業務ではなく、現場中心の管理でも十分に機能していました。生産管理システムが生産伝票を印刷するだけのような状態であっても、大きな問題とはなりませんでした。

しかし、こうした環境にあった部品工場も、従来通りの生産管理で問題なく生産できる状態がいつまで続くかはわからない状態になってきています。最大の変化材料は、デジタル化など技術革新の進展に伴い、従来とは異なる部品の生産が増えつつあることです。つくり方の変化もそうですが、品種が増えることで生産工程の組み換えが多発してきました。今後は、仕掛在庫の急増やリードタイムの増加が心配されます。

さらに、従来の部品製造を支えていた熟練作業者や熟練部品加工外注会社が減少してきているのも、生産管理面から見ると問題です。今までであれば、彼らに任せておけば、納期遅れや不良品の発生などの心配はほとんどありませんでした。しかし、彼らがいなくなって未熟な作業者ばかりになると、指示通りに製造できないリスクが顕在化するようになります。生産管理部がしっかりコントロールしないと、納期遅れが多発する可能性があります。

生産管理を取り巻く事業変化

◇ 親会社からの要求納期が短くなった

◇ 取り扱い製品の品種が急に増えた

◇ 親会社からの納期や数量の変更要求が増えた

◇ 製造現場の管理能力が落ちた

◇ 外注会社や部品会社が柔軟に対応してくれなくなった

◇ 以前に比べて余分な作業が増えている気がする

◇ いらない在庫が増えたり、欠品が増えている気がする

◇ 現場が変更作業で混乱するようになった

◇ 従来のような自由な業務運営ができなくなった

本来の生産管理部の役割

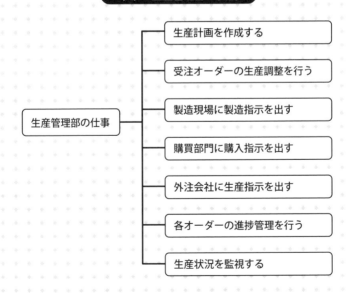

生産管理部の仕事

- 生産計画を作成する
- 受注オーダーの生産調整を行う
- 製造現場に製造指示を出す
- 購買部門に購入指示を出す
- 外注会社に生産指示を出す
- 各オーダーの進捗管理を行う
- 生産状況を監視する

生産管理部は工場の頭脳に当たります。頭脳を機能させるためには、神経組織に当たる生産管理システムが必要です。生産伝票を印刷することしかしない生産管理システムを、神経として利用することはできません。

生産管理システムが役に立っていない

生産伝票を印刷するだけでは、適切な納期管理の実現も難しくなります。したがって、1-7項で紹介した納期調整役が飛び回って進捗管理に追われる工場になります。

実際にシステムを使う業務担当者で、中心となるのは生産管理部の要員です。彼らがシステムを使いこなすことで、初めて有効な納期管理が実現します。具体的には生産マスターデータの値をどうするか、生産管理システムから出てくる情報をどう使って生産指示するかなどを決めることです。これが、システムを使いこなすことを意味します。

筆者は、こうした仕事をすることを「システムに魂を入れる」と呼んでいますが、生産管理部がこれを実行することで生産管理システムは有効に機能します。ところが、それができていない部品工場が圧倒的に多いようです。

生産管理パッケージが自社にマッチしない

生産管理システムが生産伝票を印刷する状態にとどまりがちな原因の1つに、生産管理パッケージ会社やシステム会社のエンジニアが生産管理実務の勉強をしていないことがあります。

生産管理システムといっても、製品や生産方法、販売方法、生産管理方式、生産体制の特徴など、さまざまな要因によって工場ごとに適したシステムは変わってきます。生産管理システムを構築する際には、当該工場の特徴に合わせた最適な生産管理ロジックを選択し、それに合わせた生産管理システムを構築することが必要です。

ところが、多くのシステム会社の提案はそんなことはお構いなしで、自社が担いでいる生産管理パッケージをただ押しつけてくる傾向があります。いくら

1. 納期（リードタイム）・在庫管理の強化
　①製造工程の進捗管理をタイムリーに行い、納期遅れをなくす
　②ムダな計画や作業で溜まった過剰在庫を削減する

2. 間接要員の事務工数を減らす
　①手作業、二重入力、転記、エクセル過剰利用などを削減する

3. 付加価値を増やして利益を確保する
　①工程負荷を調整して付加価値を創出する
　②安易な外注会社利用を抑制する
　③情報共有により需要変動への対応力を高める

ITベンダーに乗せられる経営者

当該パッケージが画期的な機能を持っていたとしても、すべての工場の生産管理方法にマッチすることはあり得ません。

特に、受注生産型の部品工場は注意したいものです。受注生産型部品工場が自社に合わない生産管理パッケージを導入し、混乱するケースが増えています。アンマッチな生産管理パッケージを入れた際に、問題が表面化しやすいのが納期管理です。適切な日程計画をつくることができないばかりか、工程進捗管理や納期遅れの管理なども適切に行えなくなる恐れがあります。

🏭 夢物語に踊らされない

生産管理システムを利活用できていない工場ほど飛びつきやすいシステムが、「生産スケジューラー」「IoT」「AI」「RPA[6]」など"夢の"流行ツール[7]です。日本のIT業界には、旬の流行ツールを前面に出して営業するという遺伝子があります。流行ツールが広まると、争って流行ツール活用提案を打ち出してきます。最近はDX[8]という意味不明なコンセプトも流行っています。

夢のツールが業務効果を発揮することはほとんど期待できません。生産スケジューラーはかろうじて利用できる会社がありますが、ほとんどの最新流行ツールは数年で忘れ去られる運命にあります。

そんな夢のツールに騙されないようにすること自体は、それほど難しくありません。夢のツールを積極的に提案してくるITシステム会社ほど、工場の具体的な実務内容を知りません。そのため、提案担当エンジニアにどの程度実務を知っているか確認すれば、提案システムが信頼に足るシステムかどうかはすぐにわかります。工場システムを提案するぐらいだから、相手はきっと専門家に違いないという思い込みを捨てて、「もしかしたら素人かもしれない」という前提でITシステム会社のエンジニアと面談するようにしましょう。

また、自社の業務課題として、伝票処理やコンピュータ処理の手間だけに固執しないようにすべきです。そうした表面的な課題にばかり悩んでいる工場は、システム会社の思うつぼです。

大事なことは処理の手間ではなく、生産管理や納期管理に用いる情報（データ）を、どう効率良く収集して活用するかです。いくら綺麗な画面を見せられても、そこに表示する内容がいい加減では十分な管理はできません。

6　Robotic Process Automationの略です。

7　流行ツールのことを、IT業界ではバズワードと呼んでいます。

8　Digital Transformationの略です。

夢のツールと称される代表的なもの

ツール名	概要	夢のイメージ	課題
AI	大量の実データと現象仮説に基づき、最適解を推論するツール	AIを使えばコンピュータが最適解を簡単に導いてくれる	データ数が不足したり、仮説がいい加減だったりすると解の精度は悪化する
IoT	インターネット回線を使ってコンピュータと機械をつなぎ、データ収集や監視をする	インターネットをつなぐだけで、さまざまなデータを集めることができる	集めたデータを何に使うのかが不明確だと、ただ集めても意味がない
RPA	人間がやっているコピー&ペースト作業を自動化する	RPAを使えばコンピュータ入力の生産性が向上する	そもそもなぜ手入力しなければならないのかの検討が重要
ERP	基幹業務システムの業務機能を標準化したパッケージソフト	ERPはグローバルスタンダードな最適機能であるため、業務を合わせることで経営効率が高まる	受注生産企業は、業務を合わせることでビジネス自体が機能しなくなる可能性がある
スケジューラー	最適化ロジックを用いて日程計画計算をするツール	スケジューラーを使えば最適計画がすぐに作成できる	標準時間などのマスターデータの精度が低いと、役に立たない計画になる
5G	携帯電話回線の速度を速めた次世代ネットワーク	動画などの大量データを高速に送信できる	携帯電話回線で大量データを送るニーズを検討する方が先
DX（デジタルトランスフォーメーション）	新しいITツールを使って企業活動などを高度化する	DXを利用すれば生産性が飛躍的に向上する	生産性向上の障害は、システムだけが問題になっているわけではない

2-3 せっかくつくった生産計画が反故にされる

　生産管理の主な目的は精度の高い生産計画をつくること、と考えている方も多いと思います。また、昔の生産管理の教科書の記述を真に受けて、工場は大日程計画→中日程計画→小日程計画で運営するものだと思い込んでいる工場関係者もいます。それらを受けて、生産計画会議の開催や生産計画業務の強化にひたすら取り組む部品工場も多く見られます。

　MRPのような計画型生産管理システムを導入したり（2-7項で紹介）、新たに生産スケジューラーを新規導入したり（3-5項で紹介）する工場などもそうです。最近は、AIで計画をつくるようなことに取り組む工場も出てきました。

　ところが、部品工場の計画策定は簡単にはいきません。受注生産型部品工場では、誰が責任を持って生産計画の意思決定するかが曖昧になりがちだからです。計画責任者が曖昧な工場ほど、計画変更が相次ぎます。計画ツールの利用は途中で頓挫し、Excelで何となく計画表を作成して現場に配って誤魔化すようになりがちです。

順番通りに製造してくれない

　計画変更が多発すると、製造現場は計画を信用しなくなります。生産管理部が作成した計画や生産指示を無視し、製造現場が独自に動くようになります。

　本来は、製造現場は生産管理部の指示通りの順番でつくるか、もしくは工程に届いた順番（先入れ先出し）でつくるのが原則ですが、現場が計画順番通りにつくってくれなくなることも心配されます。

　順番変更の典型が、次に紹介するロットまとめによる順番変更です。それ以外にもつくりやすい製品からつくる、納期が迫っているものからつくる、部材が届いたものからつくるなど、さまざまな順番を崩す作業が横行するようになります。

　設備能力や治具、工具が不足して順番通りにつくれないことがあるために、数日以内の入れ替えは認めているような工場もありますが、一度製造現場に順番入れ変えを許可するとタガが外れ、生産管理部の納期コントロールができなくなることが心配されます。

計画と意思決定

計画には意思決定者の責任がつきもの

受注生産の部品工場では意思決定者が曖昧に
なりやすい（例：意思決定者は親会社？）

現場がまとめ生産をする

現場がロットまとめ生産をしたがる

　上記でも触れましたが、順番変更の典型は製造現場で勝手にロットをまとめて製造することです。ロットまとめが起きる理由には、現場での段取り替えが煩わしいとか、製造機械の稼働を上げるために一度に処理したいなどが挙げられます。現場数値目標に設備生産効率（生産性）や稼働率を掲げている製造部も、ロットまとめをして結果数値を良くしたがります。ちなみに、こうした製造部の目標数字は部分最適を誘発するだけで、工場運営の障害になりやすいため注意しましょう。

　ロットまとめが本来許容されるのは、制約（ネック）工程とそれに準ずる工程だけです。それ以外の工程は、小ロット化してリードタイム短縮を目指すのが適切な生産管理のあり方です（4-4項で紹介）。

　各工程が独自にロットまとめをするようになると、リードタイムが間延びして納期遅れや仕掛滞留在庫品の増加を引き起こす心配があります。

在庫がないと計画通りにはつくれない

　部品工場が計画通りにつくるためには、部品在庫を有効に使うことが求められます。当該工程で使う加工部品が欠品を起こし、計画通りにつくれない状態にならないようにするために、工程間や工程前に部品余裕在庫を置きます。この余裕在庫を「安全在庫」と呼んでいます。

　安全在庫には需要のバラツキに備える「需要変動対応安全在庫」と、部品の欠品による突発的な生産停止などに備える「生産変動対応安全在庫」があります（4-5項で紹介）。

　安全在庫はMRPに代表される計画計算の精度を補う意味があるのですが、製造現場への安全在庫の用途説明が不十分だと現場から嫌われることがあります。製造の邪魔になるとか、倉庫が足りないとか、長く放置すると錆びるなどの苦情が殺到し、現場の判断で安全在庫を減らして欠品が発生することもあります。

　特に、トヨタ生産方式のような在庫削減運動に力を入れている製造現場では、注意が必要です。現場の判断で在庫削減しようとしがちです。現場の判断はうまく機能しているときはいいのですが、機能しなくなったときに問題が生じます。たとえば、進捗管理を現場任せにしていたような工場では、在庫が欠品するといつになったら入庫するのかがわかりにくく、現場のサバ読みによるミニ需要変動が起こることもあります。

現場が勝手に順番を入れ替えてつくる

勝手に順番変えるなよ

2種類の安全在庫

種類	需要変動対応安全在庫	生産変動対応安全在庫
生産方式	計画生産品で重視	受注生産品で重視
在庫対象部品	基本的には部品構成表にある子部品すべて	特定部品のみ
設定目的	親製品の需要変動に対応する	部品の欠品リスクに対応する
計算式	安全在庫計算式で計算できる	安全在庫計算式は使えない
数値	在庫量で示す	リスク対応期間で示す（何日分）

日本には親会社に従順な下請工場や
部品商社が多かったため
生産変動対応安全在庫は軽視されてきた

2-4 Excel頼りの納期管理では限界だ

　多くの工場には、Excelで作成した書類があふれています。経営者や事業関係者に報告するために使う資料（集計表やグラフ）だけではなく、生産計画表（もしくは製造予定表）、作業指示書などの業務指示書類までExcelでつくっている工場もあります。Excel利用でも一般的な表計算だけでなく、マクロ機能を駆使した高度なシステムをつくり込んでいる人もいます。

■なぜExcel利用が増えたのか

　Excel利用が広がった要因の1つに、生産管理システムの融通が利かなくなったことがあります。情報システム部に機能追加要望を出しても通らないとか、機能追加分の開発費予算がないなどで、手軽なExcelを利用して自分専用システムを開発したという話はよく聞く話です。

　生産管理パッケージの普及が、Excel利用の拡大をさらに加速しました。パッケージシステムは個別開発システムとは異なり、自由にシステムを開発・修整することができません。部品工場では、親会社からの注文や要望に基づいて生産している受注生産工場が多く、パッケージの標準機能に業務を合わせたくても難しいのです。もし、親会社からの要求に合わせなければ、取引自体がなくなる心配も拭えません。それをExcelが補いました。

　多くの部品工場でよく見られるExcel利用には生産計画作成、現場指示、実績集計があります。

①生産計画表の作成

　工場でのExcel利用として最も一般的なのが、生産計画表の作成です。いつ、どの機械で何をつくるかという情報を、Excelの表で管理しています。作成した生産計画表はそのまま製造現場に配られ、製造現場はこの表を見て生産しています。生産計画表だけをつくるのであればExcel利用は便利ですが、変更が起きたときの修整が頻発すると、担当者の作業負荷は高まります。

②生産伝票の発行

　生産管理システムがない工場では、Excelを使って生産伝票の印刷・発行をしている工場もあります。Excelの利用であれば、ほとんど費用がかかりませ

担当者がExcelで別表をつくって指示

Excel利用が広まった理由

基幹情報システムへのパッケージ利用が広まった

↓

システムを修整したくても費用がかかるため修整できない

↓

PCに入っている Excel を使えば簡単に補完システムがつくれる

↓

システム部は Excel 利用までは口出ししない

↓

作成してみると Excel の方が使い勝手のいいシステムがつくれる

↓

基幹情報システムはデータ保存と伝票発行だけでもいい

大企業で属人的な Excel 利用が増え、経営リスクが心配されている

ん。しかし、生産管理システム利用に比べれば、明らかに作業の手間が増えます。また、指示内容の信頼性も心配されます。

　③実績管理に使う

　製造実績の集計に、Excelを使っている工場も多いです。Excelはこうした集計業務に打ってつけのシステムです。ただし、Excelを利用するためのデータ入力の手間ばかりが増えては、意味がありません。生産管理システムとの間で、入れ直しなどの二重入力などの手間が生じていないかの検討が必要です。

ﬁ Excel利用の何が問題なのか

　Excelは業務システムの作成ツールではありません。システム自体は簡単につくることができますが、メンテナンス性が悪く、つくった人以外の人がシステムを直そうとしても簡単に直すことができません。

　また、Excelはデータ項目間で計算式が定義されるのではなく、セル間で計算式が定義されるため、計算式が間違っていたとしても簡単に計算仕様検証することが難しいのです。このことは、業務システムとして本格的に用いるにはリスクのあるシステムであることを意味します。

　また、Excel表に機密情報を載せたまま、ノーチェックで外注会社にメール伝達していた大企業もありました。

ﬁ 納期調整役が補完する

　計画変更が多発するような生産計画の作成や製造指示を、Excelだけ使ったシステムで行うことは自殺行為とも言えます。変更が生じたときの原因究明とリカバリーが簡単にできないからです。そのため、多くの工場現場ではExcelにすべてを委ねるのではなく、納期調整役に代表される現場担当者が製造現場を走り回って進捗を監視したり、製造指示を出したりしています。

　しかし、部品工場の製造現場がシステムなしで十分な納期管理ができるのでしょうか。綱渡り状態の中で現場努力に支えられているという状況では、納期遵守リスクは軽減できません。順調に製造できている場合はいいのですが、何らかの納期揺籃問題が発生したときにリカバリーができず、生産や納期遵守が混乱するようなことが予想されます。

　Excelを使えばいくら簡単にシステムがつくれるからといって、安易にExcelで生産管理システムをつくることは避けるべきです。

●**生産計画、生産指示関連資料**
- ▶ 今後の生産計画表
- ▶ 前日までの製造進捗表
- ▶ 前日夜時点での仕掛品在庫情報
- ▶ 今週もしくは当日の生産予定表（全体、各工程単位）
- ▶ 当日の設備別製造オーダー計画表（各工程単位）
- ▶ 当日の作業者の分担表（各工程単位）
- ▶ 製造指示書

●**実績管理関連資料**
- ▶ 当日の製造実績表（製造数量、不良数量など）
- ▶ 当月の製造出来高表（数量、金額など）
- ▶ 当月の日別稼働実績表（工程別、設備別）

Excelを利用する問題点

◇ セル間での計算定義のため計算式がわかりにくい

◇ 設計書の作成が面倒なため設計書をつくらない

◇ Excel表をつくった人でないと中身がわかりにくい

◇ Excel表をつくった人がいなくなるとメンテナンスが難しい

◇ システムとのデータのやり取りに制限が発生しやすい

◇ マスターを使ってデータ入力することが理解してもらえない

◇ データや計算式が間違っていても放置されやすい

◇ 機密情報に関する統制がとりにくい

2-5 〉生産指示型か在庫補充型か

　部品工場での生産手配には、オーダーが発生した時点から生産開始して工程進捗を追いかける「生産指示型」の生産手配方法と、在庫に対して不足分を順次補充していく「在庫補充型」の生産手配方法があります。自社はどちらの生産手配方法が適しているのか、考える必要があります。手配方法の選択を間違えると、想定外の納期遅れが発生します。

⚒ 生産指示型生産手配

　生産指示型とは、受注情報もしくは生産計画から作成された生産オーダーを受けて、工場が生産開始する手配方法です。大多数の部品工場ではこの手配方法が一般的です。生産管理システムは、部材構成表（BOM[9]）に基づいて必要材料や部品の数量を展開計算し、購入材料や仕入れ部品の注文書と製造工程に対する製造指示書（現品票）を発行します。製造指示書（現品票）は、加工部品に添付して工程に流します。伝票ではなく、パソコンやタブレット画面を使って製造指示する工場もあります。

　生産指示型生産の基本は、工程に届いた順番通りに生産する「先入れ先出し（FIFO[10]）生産」です。製造現場に先入れ先出し生産が徹底されていれば、納期管理はそれほど難しくはありません。

　実際には、先入れ先出し生産がしっかり機能している工場は想定以上に少ないようです。製造現場の管理レベルが低過ぎて、生産の順番を守ることができないような工場があります。突発的な特急オーダーを乱造されて順番通りに製造できないとか、製造設備の都合で順番を入れ替えないと生産効率が落ちるというような課題を抱える工場もあります。

　先入れ先出し生産ではなく、各工程に対してコンピュータやExcel表を使って毎回生産指示をつくり直し、出している工場もあります。納期管理が機能していれば問題ないのですが、結果的に生産順の変更が多発して納期管理どころではなくなります。

9　Bill Of Materialsの略です。
10　First In、First Outと呼ばれる方式です。

生産指示型と在庫補充型の違い

生産指示型

生産指示に従って材料購入し、部品が入庫したらそのまま製造して部品在庫にする

在庫補充型

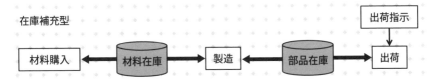

在庫出庫した分を補充する形で購入指示や製造指示が出る

かんばんの仕組み

はずれたかんばんが前工程に渡ることで作業指示となる

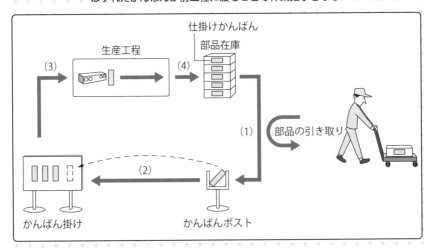

かんばんは
平準化生産が実現していないと
うまく動かない

生産指示型で注意しないといけない問題は、現場が独自判断で生産の順番を変えることです。次のような要因で現場での順番変更が起きます。

①納期が迫っているオーダーから優先して生産している

②生産しやすいものから先に生産している

③納期遵守にうるさい取引先向けを優先して生産している

④生産効率指標が高くなる順番で生産している

📙 在庫補充型生産手配

在庫補充型とは、部品在庫や工程間在庫などが消費されたらその分を補充する形で、生産指示が出るタイプの生産手配方法です。在庫補充型には、実際に部品が消費された時点で指示が出るタイプ（不足在庫補充型）と、計画消費される時期を予測して指示が出るタイプ（計画在庫補充型）があります。前者の代表が発注点管理、ダブルビン管理、かんばんなどです。後者の代表がMRP[11]です。

在庫補充型生産は、補充指示通りに生産されなかった場合のリカバリーを苦手としています。補充指示オーダーが実際にどこの段階まで生産されていて、いつなら完成するのかがつかみにくいという問題があります。そのため、在庫補充型生産では計画通りに部品生産できることが大切です。

特に品種が多かったり、リードタイムが長かったりするとうまく機能しません。それを在庫でカバーします。こうした用途に用いる在庫を安全在庫と言い、需要や生産の変動が起きたときに納入遅延が起きないように準備しておきます。在庫補充型は、基本的に安全在庫がないとうまく生産できません。安全在庫の設定を誤ると、納期遅れや欠品が多発します。

計画在庫補充手配ロジックの1つであるMRPで、これらが非常に重要な意味を持ちます（2-7項で紹介）。工程仕掛在庫に対するMRP補充計算では、複数オーダーや共通部品のロットまとめをするため、ひとたび納期遅れが発生すると納期管理ができなくなることもあります。そのため、部品工場でのMRP利用はできるだけ避けるのが無難です。この問題は2-7項でも触れます。

また、在庫補充型は製造途中に在庫を置くことを前提にしているため、生産指示型に比べて生産リードタイムは長くなりがちです。部品工場の納期管理を強化する上では、自社の生産手配方式としてどちらのタイプが適しているかを慎重に検討すべきです。

11　MRP→Material Requirements Planningの略です。

発注点管理のイメージ

在庫が発注点を切ったら補充手配する
発注点は安全在庫を加味して決める
補充手配はシステムではなく、かんばんを使うこともある

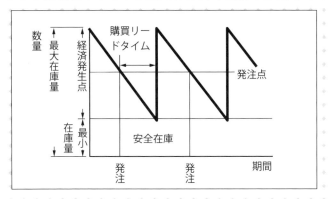

◆発注点＝単位期間の平均出庫量／日 × リードタイム（日）＋**安全在庫量**

ダブルビン方式とは

発注点管理を簡素化した補充手配方法のこと

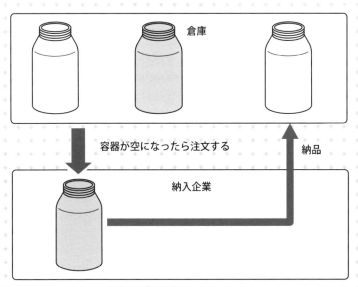

2-6 部品工場は製造指示書で生産する

　日本の部品工場では、生産指示型の生産管理をしている工場が過半です。生産指示型の納期管理では、図に示したような「製造指示書」を使います。製造指示書は、加工部品と一緒に工程間を流れることが多いため、「現品票」と呼んでいるところもあります。

部品工場の製造指示書の特徴

　部品工場で使っている製造指示書（現品票）は、製造ロット数量単位で発行され、運搬具に付属して流れるのが普通です。

　部品工場の製造指示書には4つの管理目的があります。

①対象ロット（ワーク）の製造開始を工程に指示する

②製造現場に製造条件を伝達する

③製造現場が製造記録や品質記録を記入する

④ロット番号を使って製造進捗を管理する

　ほとんどの製造指示書（現品票）は、1枚でこの4つの管理目的を同時に管理する様式になっています。

部品工場の加工部品はロット単位で流れる

　部品加工工場では大型組立工場のように、加工部品が1個ずつ工程に流して生産することはほとんどありません。一般的には複数数量（ロット）単位で各工程に流します。

　ロット数は、数個から数千個単位までさまざまなサイズの部品工場があります。金型を使って生産する工場ほどロット数は大きくなります。

　加工部品はロット単位で通い箱、パレット、かご車などの移動用の運搬具に入れられて工程間を移動します。各工程では運搬具から加工部品を取り出し、製造指示書に書かれた製造条件に基づいてロット単位で加工されます。

工程単位に発行する製造指示書もある

　製造指示書には全工程を1枚でカバーしているタイプと、工程単位に製造指

58

製造指示書（現品票）のサンプル

製造指示票 （現品票）			発行日	2020.11.01

製造ロット番号 分割番号	000023	01	＊００００２３０１＊	
品名・サイズ	板金部品2		納期	2020.11.27	ロット数量	100
納入先	帝国重工業　様		製造管理番号	HM19070105	

工程順	工程名	払出先	開始予定日	完成数量	作業者	メモ	
1	プレス						
2	熱処理						
3	研磨						
4	数量確認						
5	表面処理						
6	検査						
7	包装						
8	完成						
9							
10							

材料	チャージNO.	０００５	板厚	100×500
	材料メーカー	佃製作所	材質	ＳＴ
	投入重量		1	Kg

製造指示	表面処理	精密研磨	容器	部品箱（中）
	製造指示1	バリ取りは丁寧に行うこと	製造指示2	
	製品イメージ図			

完成メモ	最終出来高		個	出荷ロット番号			
	検査日			検査員			
	検査結果			不合格内容			

示書を発行するタイプがあります。MRPユーザーでは後者が多いようですが、後者で紙の指示書を使うと工場内は紙だらけになってしまいます。

製造指示書に関して、工場を訪問すると次のような運用をしている工場も見かけます。製造指示書は、部品工場の納期管理を左右するキーアイテムですので、自社の指示書の内容と現場がどのような使い方をしているかは確認しておきましょう。

- ●現品票は流しているが、製造指示は現品票ではなく、生産管理表やコンピュータ画面を使って別に指示している（Excelユーザーに多い）
- ●製造条件は図面に書いてある。図面自体が製造指示の代わりとなり、製造指示書は発行していない（中小工場に多い）
- ●製造コード（もしくは品名）に製造仕様内容を意味つけし、コード（品名）を見るだけで製造内容がわかるようにしている
- ●製造記録は手書きで記入し、事務所に集めてコンピュータ入力している
- ●製造進捗は現場でバーコードなどを使い、リアルタイム入力している
- ●製造進捗は切り取り線で伝票を切り離し、事務所で入力している

🏭 ロット数は変化する

ロット生産工場には、生産ロットサイズ（数）が途中工程で変化する工場があります。最初から最後まで同じロットサイズで流れるのであれば管理しやすいのですが、途中で生産ロット数が変化すると管理が面倒になります。ロット数が変化する原因にはいくつかあります。

①不良品が発生してロット数が減った

②製造設備の能力の問題で、工程ごとにロット数を変える必要がある

③一部のロットの生産が遅れたため、先にできた分だけを次工程に流した

④途中で一部の数量だけ急いでつくる必要性が生じた

⑤最初から工程ごとの手配ロット数が違う

上記の事態が生じると、ロット分割処理によって新たな製造ロット番号（オーダー番号）がついた製造指示書の発行処理が必要になります。生産管理システムの中には、この処理ができないシステムがあるため、注意が必要です。

⑤の手配ロット数が違うというのは、MRPシステムで工程指示を出す場合に起きることがあります。この件については次項で詳しく紹介します。

全体製造指示と工程別製造指示

全体製造指示（工程全体を通じて１つの製造指示書（現品票））

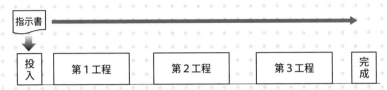

工程別製造指示（工程ごとに指示書が発行される）

ロット数が変化すると起こること

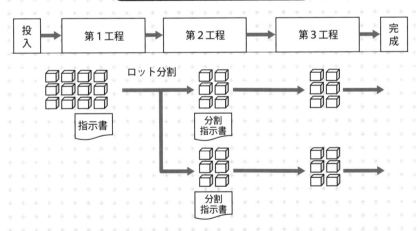

●ロット分割が起きると、ロット番号を変えないと進捗管理ができなくなる
●ロット分割とロットが揃うのを待つ分納とは分けて考える

　　　　　ロット分割　→　別の製造指示書
　　　　　ロット分納　→　不足分に対する分納指示書

日本の製造業者が利用している生産管理パッケージやERPパッケージの大半は、MRP[12]（資材所要量計画）という生産管理手法をベースにつくられています。MRP生産管理パッケージを導入したことで納期遅れが頻発して困っている、という部品工場が増えています。

🏭 MRPとは

MRPとは、約50年前に登場した資材の在庫補充調達用の生産管理ロジックです。親製品（MRPでは独立需要品目という）に対し、部品表（BOM）を使って部品展開計算することで、製品を構成する子部品（MRPでは従属需要品目という）の必要数量を算出します。その際に、親製品の基準生産計画（MPS[13]）と手配リードタイムを用いて、各構成部品の手配時期も計算します。この一連の計算をMRP計算、もしくは所要量展開計算と言います。

MRPが機能すると、各製造工程が部品を使うタイミングで、必要部品が手に入るように部品手配することができます。そのため、部品調達作業の効率化や仕掛品在庫の削減、欠品による製造工程の稼動停止抑制、安定稼動などが実現します。MRPは、計画生産型の組立工場の部品手配システムに使うのに優れたロジックとされ、大企業の組立量産型製品製造工場を中心に導入が進みました。

ただし、MRPは資材所要量計画という名前が示すように、あくまでも製品組立工場で部品を調達するためのロジックです。MRPは、部品工場の製造管理をターゲットにしたシステムではありません。日本には、生産管理はMRPで行うものと考えている生産管理システム関係者がいますが、このことが次のような問題を引き起こしますので注意すべきです。

🏭 MRPは部品工場の工程指示には使えない

MRPを入れて納期管理がうまく機能せず、困っている中堅部品工場からの

---

12 MRP生産管理パッケージについての詳細は参考文献1をお読みください。

13 Master Production Scheduleの略です。

MRP体系図

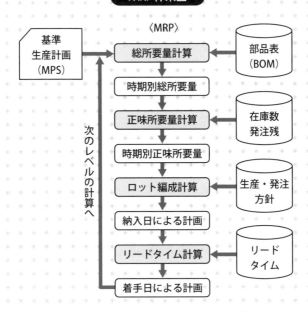

〈MRP〉

基準
生産計画
（MPS）

総所要量計算 ← 部品表（BOM）

時期別総所要量

正味所要量計算 ← 在庫数発注残

時期別正味所要量

ロット編成計算 ← 生産・発注方針

納入日による計画

リードタイム計算 ← リードタイム

着手日による計画

次のレベルの計算へ

工程展開用の部品表

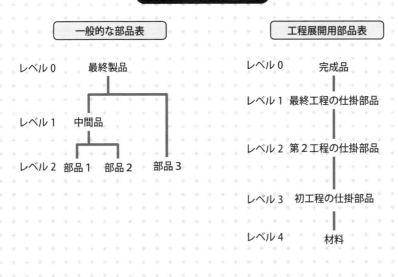

一般的な部品表

レベル0	最終製品
レベル1	中間品
レベル2	部品1 部品2 部品3

工程展開用部品表

レベル0	完成品
レベル1	最終工程の仕掛部品
レベル2	第2工程の仕掛部品
レベル3	初工程の仕掛部品
レベル4	材料

相談を多く受けています。導入の経緯を聞くと、MRPパッケージベンダーが MRPを資材調達だけではなく、加工工程の補充手配に使うことを提案してきたが、深く考えずに安易に導入してしまったという話が多いです。

MRPの多段階BOMの各レベルに、工程を順番に記述すると多階層型の BOMとして利用できます。このBOMを使うと、工程の流れの順に工程間仕掛在庫への補充手配数量を計算することができます。その補充数字を使い、各工程へ部品加工指示を出すのがこの使い方です。最終工程の完成納期を起点に、前工程の必要数量と必要時期を、各工程の製造リードタイムで前倒しして順番に計算していきます。

筆者は、このMRPの使い方を提案するMRPベンダーがいることを想定していませんでした。製番管理方式には、現場の自由度が高まり過ぎて全体最適生産でなくなりやすい、という弱点があります。トヨタ生産方式におけるかんばんは、この問題を抑制するためにできたものですが、MRPによる工程指示にも同じ効果があるということで提案され始めたようです。

しかしMRPによる工程計画は、ベンダーが提案するようには機能しません。最大の問題は、MRPのロットまとめ機能を利用した部品在庫補充手配機能にあります。工程ごとのロットまとめ補充手配を採用すると、製造ロット番号による進捗管理やロットトレースができなくなり、どこで納期遅れや滞留しているか、製品がいつ完成しそうかなどを追いかけることができなくなります。

また、MRPのリードタイム計画（タイムバケット）は日単位以上が基本ですが、通常の部品加工工程では日単位では粗過ぎるという問題がありました。

MRPは、能力計画に対しては無限山積みを前提に計算しているため、各工程に製造余力がないと計画通りにつくれないという問題もあります。実際の加工現場では、製造能力問題、現場の指示ミス、前工程の製造遅れや完了入力漏れ、品質不良、製造歩留り、設備故障、納期変更（特急手配）などさまざまな要因が重なり、MRPによる製造指示通りにはつくれないのが普通です。

MRPは、欠品が生じたときのリカバリー機能が貧弱なことも問題です。工程前の在庫が1個でも不足すると、対象部品の引当結果はエラーばかりになり、担当者はエラー処理に追われて生産計画どころではなくなります。工場現場はMRPの生産指示で製造するのをあきらめ、現場の班長が生産オーダーを見ながら個別に設備や時間指定する形で、製造するようになります。

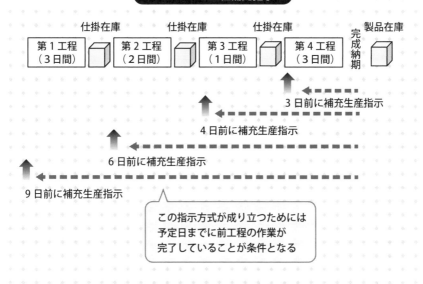

MRPによる工程補充指示

仕掛在庫　　　仕掛在庫　　　仕掛在庫　　　製品在庫

| 第1工程
（3日間） | | 第2工程
（2日間） | | 第3工程
（1日間） | | 第4工程
（3日間） | 完成納期 | |

3日前に補充生産指示

4日前に補充生産指示

6日前に補充生産指示

9日前に補充生産指示

> この指示方式が成り立つためには
> 予定日までに前工程の作業が
> 完了していることが条件となる

MRPによる工程指示の問題点

◇ 在庫がないと、補充生産指示が出ても生産できない

◇ 製造工程や外注会社の変更への対応がとりにくい

◇ 納期遅れが起きると、いつ完成するかがわからなくなる

◇ 欠品リカバリー指示が生産管理担当者の作業を増やす

◇ 日単位リードタイムだとリードタイムが長くなり過ぎる

◇ 補充が前提だと実際のリードタイムが把握できない

◇ 工程間滞留時間の影響がつかめない

◇ 製品と部品の紐づけ（ペギング）機能が弱い

◇ 製造ロット番号で管理できないシステムもある

◇ 共通部品手配をしているとロットトレースが複雑になる

> MRPを工程指示に
> 使うことは
> 推奨できない

生産管理もテレワークでしたい

　大都市の事務所では、新型コロナウイルス感染症問題を契機に、テレワークシステムを活用した在宅勤務の動きが広がりました。ところが、郊外立地が多い工場での在宅テレワーク勤務はそれほど浸透しませんでした。製造業務自体はテレワーク化ができないこともあり、管理業務を行う従業員だけ在宅勤務するわけにはいかなかったようです。

　しかし今回の件で、テレワークが思ったよりも機能することに気がついた本社関係者も多く、今後は本社から工場管理業務のテレワーク化要請も徐々に増えてくるのではないかと思われます。

　テレワークに当たっては、Zoomに代表される「Web会議システム」、Dropboxに代表される「オンラインストレージ」、TeamViewerに代表される「リモートデスクトップ」などが注目されました。本社事務職はこれらのツールを駆使してテレワーク勤務を実践しています。

　工場の生産管理業務の場合は、さらに自宅から生産管理システムへのアクセスが求められます。リモートデスクトップでも何とかなる部分はありますが、使い勝手としてはシステムへの直接アクセスが必要です。

　今までの工場では自社内に置いたサーバーを利用する形態が中心でしたが、今後は遠隔アクセス可能なクラウドシステム上で生産管理システムを利用する形が増えてくると予想されます。

順調、順調

第 3 章

リードタイム実績を見える化する

　受注生産の多い部品工場の納期遅れ問題には、ハロー効果やサバ読みなど、関係者の思い込みに起因する過度な対処活動がつきものです。どうしても声の大きな人の意見や意向に左右されやすくなります。したがって、部品工場が要求納期を守るためには、製造の実態を数値化して分析することが重要です。その代表が実際の各品目の工程別実績リードタイムの分析です。数値分析に基づく実態把握と対策検討を通じて、改善活動に取り組むようにしましょう。

いったん納期遅れが発生すると、ハロー効果によって大げさに騒ぎ出す人がいます。納期遅れ問題を議論するためには、冷静にデータを見て議論することが必要です。それをせずに、真の解決は図れません。

納期遵守率は把握しているか

納期問題を語る上では、実際の要求納期に対する納期遵守率を整理することが何よりも重要です。ところが、このデータを整理していない部品工場が予想以上に多くあります。納期遅れ問題に取り組む際には、納期遵守率の数字を必ず分析して改善活動をスタートさせるようにしましょう。

部品工場によっては、最後に辻褄合わせをして、何とか要求納期だけは守っているという工場もあります。その場合は、遵守率よりも各製造工程での進捗状況監視が重要です。途中工程で進捗遅れが頻発している工場は、今は納期遅れがなくてもいずれ現場対応が耐えられなくなり、納期遅れが多発する恐れがあります。

各工程での進捗状況を監視する

製造工程における製造進捗の監視には、「工程計画・完了状況管理表」を使うことが多いです。工程計画・完了状況管理表とは、製造オーダーが各工程をいつ通過するかについて計画（指示）した内容と、実際にいつ通過したかを同時に記述する表のことです。多くの部品加工工場で用いられています。

工程計画・完了状況管理表はコンピュータ画面で表示する、工場の掲示板に張り出すなどの使い方があります。製造指示書に加工予定日をあらかじめ印刷し、製造現場でその横に実際の加工日を記述していく使い方も一般的です。そのまま進捗データをコンピュータに取り込むことで、進捗状況の分析をすることもできます。

加工予定日と実際の加工日を比較することで、各工程現場ではそのオーダーが予定通りに進んでいるのか、遅れているのかが簡単に把握できます。それを見て、製造を急ぐというような使い方もします。ただし、この表が独り歩きし

納期遵守率表の例

顧客名	オーダー番号	要求納期	納入日	オンタイム	4日以内遅れ	5～9日以内遅れ	10日以上遅れ
佃製作所	2000011	7月10日	7月10日	○			
	2000012	7月12日	7月15日		○		
	2000013	7月15日	7月25日				○
	2000014	7月20日	7月25日			○	
	2000015	7月25日	7月25日	○			

納期遵守率＝納期遅れ数÷オーダー数（この表では60％）

工程計画・完了状況管理表

製造番号	第1工程完了日			第2工程完了日			完成日		
	計画	完了	差異	計画	完了	差異	計画	完成	差異
1	6月10日	6月9日	−1	6月12日	6月11日	−1	6月15日	6月14日	−1
2	6月15日	6月15日	0	6月20日	6月21日	1	6月25日	6月25日	0
3	6月20日	6月22日	2	6月25日	6月25日	0	6月30日	6月29日	−1
4	6月25日	6月26日	1	6月30日	7月5日	6	7月5日	7月15日	10

この表を製造時指示書に入れて現場に日付を記入させている工場も多い

過ぎると、現場が独自に納期余裕を判断して製造順をいじるようになり、かえって納期遵守率が悪くなる可能性があります。そのため、あえて指示書にはこの予定情報は載せないという工場もあります。

　進捗監視では予定通りに進んでいるかどうかは確認できますが、予定通りに進まなかったときの原因分析までは十分にできていません。担当者が現場に行って具体的な遅延原因を確認してこないと、解決できないことも多いです。

　製造現場にとって、進捗監視は納期遅れがないことの安心感を得るためにしか使えないという人もいます。納期遅れが多発すると進捗監視情報はあまり見られなくなり、現場も実績データを入力しなくなることがあります。

予定が信用できない場合はどうするか

　せっかく進捗情報を入力しようとしても、各工程に対する指示予定情報の精度が低かったり、そもそもなかったりする工場もあります。その場合も、実績データは入力するようにしましょう。

　進捗実績を分析することだけでも、どこまで製造が進んでいるかの把握は可能です。また実績データは、今後の工程計画の精度を高めるための参考データとして使うこともできます。

どうやって実績収集するのか

　部品工場の製造現場における実績入力方法には次のようなものがあります。

①製造現場や現場事務所に設置したパソコン・タブレットの画面から直接入力します。一番手軽な入力方法ですが、入力の手間がかかります

②指示書に印字されたバーコード（QRコード）を端末で入力します。現場のパソコン・タブレットにつけたバーコードリーダー、ハンディ端末利用が一般的です。現場入力が難しい場合は、指示書の一部を切り離して事務所で入力する工場もあります

③運搬具などを所定位置に置き、運搬具につけたQRコードをカメラ撮影して入力する仕組みを使い、進捗管理するケースも増えています

④加工部品か運搬具につけたRFID[14]チップを、RFIDリーダーで自動で読み取ります。作業員の手間がかからないのがこの方法ですが、チップとリーダーの投資に費用がかかります

14　Radio Frequency IDentifier の略です。

進捗情報を見て満足するだけのリーダー

納期遵守率

生産予定実績表

なぜ遅れているか
わからないんじゃ意味がないよ

主な現場収集データ

★収集する実績データには、時刻を収集するケースと
　時間を収集するケースがある
★進捗管理で重要なのは時刻データで、できるだけリ
　アルタイムでの実績収集が望ましい

①時刻収集データの例
　◇工程単位の着手、完了時刻（リードタイム）
　◇機械単位の着手、完了時刻（稼働時間）
　◇作業員の着手、完了時刻（作業時間）

②時間収集データの例
　◇段取り替え時間（セットアップ時間）
　◇実稼働時間
　◇待機時間
　◇休憩時間
　◇非稼働時間
　◇故障時間
　◇手直し時間
　◇その他

🏭 リードタイム分析表をつくる

　部品工場におけるリードタイムの実態を分析するために使うツールが、次ページに示したリードタイム分析表です。生産管理システムによって収集した製造オーダー番号（製造ロット番号）ごとの各工程製造日実績を使い、リードタイムや滞留時間を計算して一覧表にします。部品工場の納期遅れ問題の改善にはリードタイム分析が欠かせません。

　生産管理システム上で自動的に表を作成してくれる機能があれば便利ですが、機能がない場合はExcelにデータを移してつくります。この表で大事なのは、全体リードタイムと工程間滞留時間です（製造時間ではありません）。

　工程間滞留時間は、前工程の完了時間と後工程の着手時間から計算します。時間単位の計算までが難しければ、日数単位の計算だけでも構いません。

🏭 着手データをとることができない

　実際の工場では、工程着手の実績数字が当てにならないという話を製造現場から聞くことがよくあります。工程完了の入力は徹底しやすいものの、工程着手は現場に嫌がられることが多く、入力忘れが頻繁に起きることが理由のようです。その場合は、工程着手の入力はなしでも工程完了だけとれれば十分です。

　着手を入力しないと滞留時間が計算できないと思われるかもしれませんが、部品工場の場合は前工程と後工程の完了時間の差さえ計算できれば、滞留日数の傾向はある程度把握することが可能です。部品工場の製造時間は組立工場とは異なり、機械の能力でほぼ決まります。製造時間も数時間程度で、滞留日数に比べて短いケースが多いです。滞留日数に製造時間が入ったとしても、滞留傾向を見る上では大きな影響は出ない部品工場が多いです。

🏭 リードタイム分析表で何を分析するのか

　リードタイム分析表ができたら、次の順番で分析をします。

　■STEP1　最初に分析すべきは、自社が設定している品目（製品群）単位

リードタイム分析表

製造ロット番号	第1工程		滞留	第2工程		滞留	第3工程		全体日数
	着手	完了		着手	完了		着手	完了	
0001	10月1日	10月2日	3日間	10月5日	10月7日	3日間	10月10日	10月11日	10日間
0002	10月4日	10月5日	6日間	10月11日	10月13日	7日間	10月20日	10月21日	17日間
0003	10月11日	10月12日	1日間	10月13日	10月15日	1日間	10月16日	10月17日	6日間

リードタイム：最大17日間、最小（特急対応）6日間、平均11日間
最大製造時間：2日間、最大滞留時間：7日間

リードタイム分析の着眼点

1. 実績リードタイムの分布を調べて標準リードタイムと比較する
　▶ 平均値、中間値、最大値、最小値、最頻値など

2. 異常なリードタイムを示した品目やオーダーの原因を調べる
　▶ 通常1カ月のリードタイム品目が3カ月以上かかった

3. 異常な滞留を起こしている工程やオーダーを洗い出す
　▶ 前工程完了から後工程着手（完了）まで10日以上など

の標準リードタイムに対して、各オーダーの実績リードタイムがどうなったかの確認です。ほぼ標準リードタイムで生産できていればいいのですが、実績リードタイムが標準リードタイムと大きく乖離していたり、ばらついていたりする場合は納期管理が十分に機能していない可能性があります。その場合は納期遵守状況の実態も合わせて確認するようにしましょう。

■STEP2　実績リードタイムがばらついている場合は、実績リードタイムの最大値、最小値、平均値、中間値（ちょうど真ん中の値）、最頻値（最も数が多いもの）を計算し、バラツキ具合と改善ターゲット値を明確にします。分析初期の改善ターゲットは中間値が妥当です。分析初期は滞留時間半年以上などの異常値が残っていることがあり、平均値は異常値に影響されます。異常値が減ってくれば平均値と中間値は近づいてくるため、平均値は異常値が減ってきてから使うようにします。分布次第では、最頻値をターゲットにした方が実態に即していることも考えられます。

■STEP3　工程間滞留日数についても最大値、最小値、平均値、中間値、最頻値を計算し、傾向と改善ターゲットの明確化をします。

■STEP4　リードタイムと滞留日数に異常値が出ているオーダーをピックアップします。異常値の抽出基準は工場によって異なりますが、部品工場であれば製造リードタイム3カ月以上、工程間滞留日数10日以上のオーダーは明らかに異常と考えられます。

■STEP5　上記異常値オーダーに関して、異常値の発生要因を個別調査して対策を講じます（4-2項で発生要因の例を紹介します）。

■STEP6　対策を講じることで、待ち時間やリードタイム実績がどう変化するかを追いかけます。異常値がなくなり、バラツキが収束されていくことが重要です。

■STEP7　平均リードタイムをさらに短くする方策を検討し、PDCA[15]アプローチで短縮を目指します。工場の特性によって改善アプローチは異なるため、試行錯誤でPDCAアプローチを繰り返すことになります。

■STEP8　平均リードタイムが安定してきたら、標準リードタイムをその値に変更することを検討します。平均リードタイムをそのまま標準リードタイムとする場合と、平均リードタイムにある程度の余裕時間を加えて標準リードタイムにする場合があります（どちらにするかは慎重な検討が必要です）。

15　Plan, Do, Check, Action（計画、実行、監視、対策）の4つのフェーズを回すことを言います。

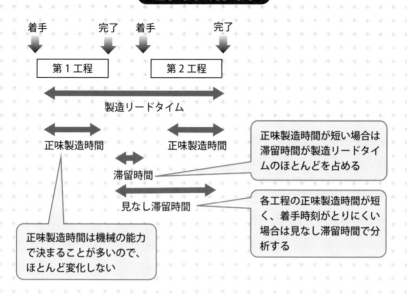

着手時刻と完了時刻

着手　　　　完了　　着手　　　　　完了

第1工程　　　　第2工程

製造リードタイム

正味製造時間　　　　正味製造時間

滞留時間

見なし滞留時間

正味製造時間が短い場合は滞留時間が製造リードタイムのほとんどを占める

各工程の正味製造時間が短く、着手時刻がとりにくい場合は見なし滞留時間で分析する

正味製造時間は機械の能力で決まることが多いので、ほとんど変化しない

軽んじられる実績入力の仕事

入力なんかいいからあっちの応援に行ってくれや

生産管理にうるさく言われちゃいますよ

　ここで、製造番号管理に関する補足説明をします。リードタイム分析を行うには「製番管理方式」で管理する必要があります。製番管理とは、「製造番号（製番オーダー）で生産を管理する」という意味です。製番管理システムを使えば、リードタイム分析も簡単にできます。ただし、製番管理方式には2つの種類があり、その違いに注意しましょう。

　1つ目の製番管理は、大型組立製品工場が使っている製造番号を用いて管理する管理方式です。もう1つは、ロット生産型の部品工場が使っている製造ロット番号を用いて管理する方式です。どちらも同じ製番管理方式と呼ぶことが多くわかりにくいですが、両者の管理ターゲットは違います。

　筆者は後者のことを「製造ロット番号管理方式」と呼んで、組立工場の製番管理方式と区別するようにしています。部品工場が使う製番管理方式は、後者の「製造ロット番号管理方式」を使うのが一般的です。

製番管理方式とは

　製番管理方式とは、組立機械を組み立てている工場が、当該機械に使う構成部品を漏れなく手配するためにつくり出された生産管理手法です。組立工場で製造する製品と組立に使う子部品に、同じ製造番号（製造オーダー番号）を付与し、その番号をキーにして部品調達や組立作業を行います。

　製番管理方式は大型設備や機械の組立、試作品製造、金型の製造などに利用されます。組立作業と部品調達作業を同じ製造番号で管理することで、構成部品が1つでも不足して製品が組み立てられなくなるようなことを抑止できます。製造番号には受注番号と同じものを使うこともあります。

　個別受注生産型の組立工場では、製造番号（もしくは受注番号）を使って製品の組立工期の進捗管理をするような使い方をしているところもあります。また部品調達はMRPで行い、組立工程の工期管理だけ製番管理で行うという工場もあります。

　生産管理パッケージには製番管理対応パッケージと書いてあるものがありますが、大半はこの製番管理のことです。次の製造ロット番号管理のことではあ

	製番管理	製造ロット番号管理
対象工場	個別製品組立工場が中心	繰り返し部品加工工場に多い
ロット数	少ない（基本は1台単位）	大きい
管理目的	構成部品の手配 プロジェクトの作業進捗管理	製造工程への製造指示 工程単位の進捗管理 ロットトレース
製造番号	受注番号と同じことも多い 途中で番号は変わらない	受注番号とは異なるのが普通 途中で番号が変わることがある
ロット分割	途中でロット数が分割すること はない	途中の工程でロット数が分割さ れることがある
MRPとの相性	部品展開だけにMRP計算を利用 することは可能	工程指示方法が違うのでMRPと は相性が悪い

製番管理方式とは

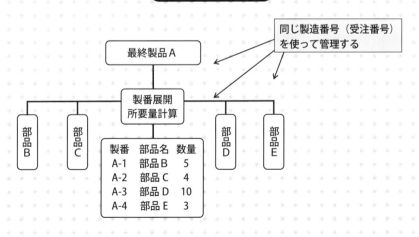

りません。

㊙製造ロット番号管理方式とは

製造ロット番号管理方式は、部品加工型工場のように部品をロット単位で工程に流し、繰り返して製造する工場が用いる生産管理方式です。

製造ロット番号（製造オーダー番号）が印刷された製造指示書（現品票）が、加工部品が入っている運搬具と一緒に、製造工程に順番に流れます。各工程では現品票の指示に従って製造し、製造指示書にバーコード印刷された製造ロット番号をバーコードリーダーで読み取り、製造進捗や作業時間を収集します。コンピュータはロット番号単位の工程指示に加え、ロット番号単位での出来高や進捗実績情報の収集に利用します。

製造ロット番号を製造番号とか手配番号と呼ぶ工場もありますが、製番管理方式のように受注番号を製造番号として使うケースはほとんどありません。繰り返し型生産工場では、納品ロットサイズと製造ロットサイズが異なるケースも多く、受注番号をそのまま製造工程で使えるとは限らないからです。また内示情報で生産開始する場合は、生産開始時点で受注番号はないため、受注番号をそのまま使うこともできません。

㊙ロット番号は変わることがある

製造ロット番号管理と製番管理の違いは、製造ロット番号管理はロット分割などにより、生産途中で製造ロット番号（製造オーダー番号）が変わる場合があることです。番号変化に対応できないと、的確な進捗管理やリードタイム分析ができません（2-6項で述べました）。

製造ロット番号管理では、歩留りなどロット数量変化への対応も必要です。製番管理方式のシステムにはそうした機能まではないこともあります。

製造番号と製造ロット番号は略すと同じ製番になることもあり、生産管理システムベンダーの人でも両者の違いを十分に認識している人は少ないようです。部品工場が誤って組立工場用の製番管理システムを入れてしまい、事務処理が増えたり、進捗管理がうまく進まなくなったりすることもあります。

ただし、中小の工場ではロット数の変更があまり起きないため、製番管理方式用の生産管理システムをそのまま使って工程進捗を管理しているところもあります。

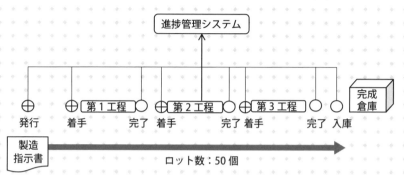

製造ロット番号管理方式とは

進捗管理システム

発行　第1工程　第2工程　第3工程　完成倉庫
着手　　完了　着手　　完了　着手　　完了　入庫

製造指示書　ロット数：50個

製造指示書に書かれた製造ロット番号を使って工程進捗管理する
（製造現場でバーコードで読み取って実績入力するのが普通）

ロット分割によるロット番号変更

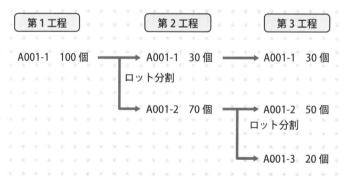

第1工程　　　　　第2工程　　　　　第3工程

A001-1　100個　→　A001-1　30個　→　A001-1　30個
　　　　　　　　ロット分割
　　　　　　　　　→　A001-2　70個　→　A001-2　50個
　　　　　　　　　　　　　　　　　ロット分割
　　　　　　　　　　　　　　　　　→　A001-3　20個

ロットを分割するとロット番号が変わるのが普通
上記では枝番号を使ってロット番号を変えている

3-4 製造時間を短縮したのに リードタイムが短くならない

🏭 製造時間よりも待ち時間の方が大きい

部品工場の製造リードタイム（期間）は、部品を実際に製造している時間（正味製造時間）を足したものになる、と思われている方も多いと思います。

リードタイム分析するとわかりますが、実際の製造リードタイムは正味製造時間を足したものにはなりません。リードタイムの大半は、仕掛品として工程間に滞留している待ち時間（滞留時間）が占めています。正味製造時間が製造リードタイムに占める割合は10～30%程度でしかない工場が一般的です。

読者のみなさんの工場では、特急対応で加工部品を流す場合にどのくらいの時間でつくれるでしょうか。おそらく、平均製造リードタイムの1/4以下の時間で製造できる工場が多いと思われます。

この特急品の製造時間と平均製造リードタイムの差が、ほぼ待ち時間に相当します。待ち時間が大きい部品工場では、正味製造時間を短縮しても製造リードタイムはそれほど短くなりません。

🏭 待ち時間の種類

部品工場でよく見られる待ち時間には次のようなものがあります。

①セットアップ時間

製造機械が動くようにするためのセットアップ（段取り替え）時間のことです。金型や治具の交換、ワーク（加工部品）の取り付け・取り外し、洗浄、予熱作業などさまざまなセットアップ作業などがあります。セットアップ作業は作業時間の管理が難しく、改善活動の対象にされることも多いです。

②計画待ち時間

月に1回生産計画を立てて、生産手配する工場があったとします。その月の計画策定が済むと、次の月まで新たな手配はされません。この次の計画（もしくは手配）を待っている時間が「計画待ち時間」です。

ひと昔前までは、月次単位で生産計画をつくっている工場が大半でした。最近は週次や旬時単位で生産計画をつくる企業が増えていますが、それはこの計画待ち時間を短縮させるためです。

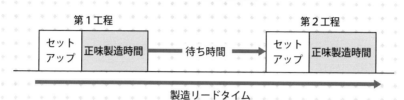

待ち時間の発生

第1工程

| セット
アップ | 正味製造時間 | | 待ち時間 | | セット
アップ | 正味製造時間 |

第2工程

製造リードタイム

◇正味製造時間は製造リードタイム全体の 10〜30% 程度
◇正味製造時間を短縮しただけでは、製造リードタイムはそれほど短くならない

待ち時間の種類

◇ 正味製造時間：実際に製造している時間

◇ セットアップ時間：機械などの段取り替え時間など

◇ 計画待ち時間：次の計画期間を待っている時間

◇ ワーク待ち時間：製造に用いるワークの到着を待っている時間

◇ 工程待ち時間：製造工程が空くのを待っている時間

◇ 運搬時間：工程間のワークの運搬時間

◇ 余裕時間：リードタイム変動リスクに対応するための余裕時間

③ワーク待ち時間

　製造に用いるワーク（加工部品）が、製造工程に到着するのを待っている時間のことです。これが発生すると、製造設備は空き状態になってしまいます。

　ワーク待ち時間の発生原因としては、前工程の遅れ、購入品の調達が間に合わない、複数の部品が合流する製品で両者の製造が同期化していない、ロット単位加工によるロット待ち時間が発生しているなどがあります。工程進捗管理システムが機能していないと、ワーク（加工部品）待ちが発生したときに、いつになったらワークが届くのかがわからなくなります。

④工程待ち時間

　ワーク（加工部品）は対象工程に届いているものの、製造工程（製造機械）が空くのを待っている時間のことです。製造工程の計画不備や能力不足が原因のことが多いようです。

　工程待ち時間には、ほかにも製造できる設備が固定化したり偏在化したりしている、製造機械が故障しがちなために余計な工程待ちが発生している、製造機械ではなく作業要員、治具、運搬具、金型などが不足していて製造できないなどの原因が挙げられます。製造時間を短縮して製造能力を高めることができれば、工程待ち時間を減らせる可能性があります。

⑤運搬待ち時間

　工程間のワーク（加工部品）の運搬時間のことを言います。工場内の運搬待ち時間は、構内物流のタイミングや運搬手段の手当てによって生じます。これが原因で、ワーク（加工部品）待ちが発生することがあります。特に大きな問題となるのは、工場が離れている場合の輸送時間です。

⑥余裕時間

　リードタイム変動リスクに対応するための余裕時間のことです。納期遅れの予防のために設定します。生産管理システムにリードタイムを設定する場合は、標準リードタイムに余裕時間を入れるのが一般的です。余裕時間を大きく設定し過ぎると、指示を待っているまでの待ち時間が増えます。

　MRPでは、リードタイム設定が日単位で行われることが多いです。そのため時間単位で加工しているような工場では、リードタイム設定時に時間が繰り上げされることで自然と余裕時間が組み込まれることがあります。工程数が増えると、この日単位への繰り上げが加算されて、大きくなり過ぎる問題が発生します。

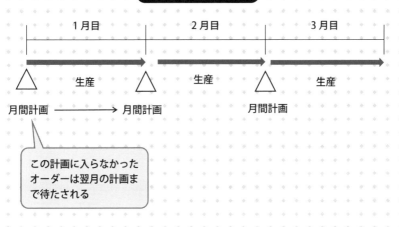

計画待ち在庫とは

1月目　　　　　2月目　　　　　3月目

生産　　　　　生産　　　　　生産

月間計画 ——→ 月間計画　　　月間計画

この計画に入らなかった
オーダーは翌月の計画ま
で待たされる

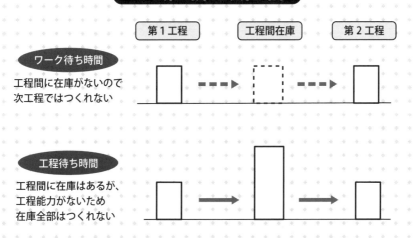

ワーク待ち時間と工程待ち時間

第1工程　　　工程間在庫　　　第2工程

ワーク待ち時間

工程間に在庫がないので
次工程ではつくれない

工程待ち時間

工程間に在庫はあるが、
工程能力がないため
在庫全部はつくれない

　部品工場の納期遅れ問題を解消する上で重要なリードタイム分析ですが、MRP生産管理パッケージの導入ユーザーを中心に、分析ができないで困っている部品工場があります。そのような工場でも使える納期管理ツールに、「流動数曲線グラフ」と「生産スケジューラー」があります。

📕 流動数曲線グラフでリードタイムをつかむ

　流動数曲線グラフとは、生産実績（個数、重量、金額）などの期間累積数字をグラフ化したものです。流動数曲線管理は、部品工場のような繰り返し型の大量生産品の生産管理に適した管理手法であることが知られています。

　流動数曲線グラフを使うと、「進捗状況」「リードタイム」「仕掛在庫量」「納期遅れ」「工程能力不足」「工程バランスのずれ」「完成予定時期」などがひと目で把握できます。完成予定時期（納期）も簡単に確認できます。流動数曲線グラフは、Excelに生産実績データを取り込むだけで作成できます。生産管理システム自体をつくり直す必要はありません。リードタイム分析ができない工場でも概算のリードタイムをつかむことが可能です。

　ただし、流動数曲線は個別のオーダーの進捗管理ではなく、全体生産数量の管理をするためだけのツールであることに注意が必要です。グラフから導き出されるリードタイムは平均値に過ぎません。品種が多いとか異常値が多い場合は、この流動数曲線だけを見ていても実態を把握することは不可能です。また、どのオーダーが異常になっているのかも流動数曲線では識別できません。流動数曲線は納期管理の傾向しかつかめないため、改善活動を推進するためにはリードタイム分析表をつくって管理することが望まれます。

📕 いきなり生産スケジューラーを使う

　リードタイム分析ができないことで、いきなり生産スケジューラーを使う工場も出てきています。MRP生産管理システムのユーザーで、生産スケジューラーを追加導入したり導入検討したりするところがあります。

　生産スケジューラーとは、生産計画を半自動的に作成するシステムツールの

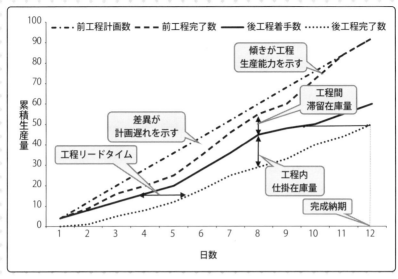

両線の横の間隔がリードタイム、両線の縦の感覚が在庫量
間隔が広がり始めたら納期遅れが心配される

平均リードタイムの把握

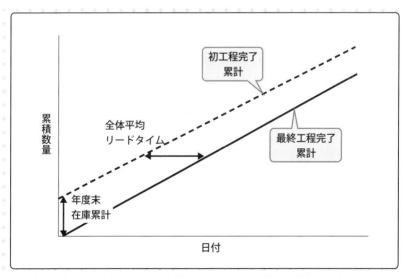

初工程投入と最終工程完了を比較することで全体平均リードタイムがわかる
リードタイム分析ができない場合はこのツールを使って実態把握する

ことです。生産スケジューラーを使って計画を作成すれば何とかなると考える部品工場の関係者は多いようで、納期遅れ対策の救世主として期待を集めています。

しかし、どんなに優秀なツールであっても、コンピュータが自動で最適解を計算してくれるわけではありません。生産スケジューラーは、導入する前に使いこなすための準備が必須です。たとえば次のような準備です。

①現場はコンピュータの指示通りに製造する

生産スケジューラーを使って精緻な生産計画を作成しても、製造現場がその通りに製造してくれないようでは意味がありません。生産スケジューラーの利用以前に、製造現場の意識改革が必要です。

②MRPを捨てる

MRPが機能しないからと言って、生産スケジューラーを導入する工場があります。工程別補充生産をベースとするMRPと、ロット単位の紐付き生産をベースとする生産スケジューラーは、製造手配の仕組みが違います。生産スケジューラーを使うと決めたら製造現場はMRPを使わずに、製造ロット番号管理での生産管理に切り変えることが求められます。MRPは初工程の指示程度にしか使えません。

③設定数値の割り切りをする

生産スケジューラーに設定する標準製造時間には、突発事態に備えて余裕時間を組み込むのが普通です。そのために、生産スケジューラーで生産計画を作成した方が、製造現場が先入れ先出し生産するよりもリードタイムが長くなることがあります。短納期対応を余儀なくされる製造現場では、スケジューラーは役に立たないという声があふれるようになります。

④手動調整のできる生産スケジューラーを選択する

生産スケジューラーでは、自動で生産計画をつくろうという発想になりがちです。しかし、それは完全自動化工場でないと困難です。部品工場の場合は、自動計算と手動納期調整の両方ができる生産スケジューラーを導入するようにしましょう。

こうした事前導入準備検討作業ができていない工場では、期待通りのスケジューリングはできません。その結果、埃を被っている工場が圧倒的に多いのが現状です。スケジューラーを使って全工程の最適計画をつくるのではなく、制約工程の能力負荷調整に限定して生産スケジューラーを使うようなアプローチも有意義です。

生産スケジューラーの基本機能

能力を超えた負荷の山崩しをする（崩し方には2種類がある）

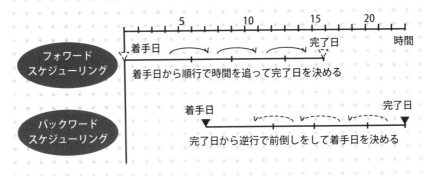

スケジューラーの効果的な活用

◆スケジューラーの導入目的は

1. リードタイムを短縮する（在庫削減）
2. MRPの計画では粗過ぎて使えない
3. 負荷の山崩しをしたい（平準化生産）
4. 自動で計画をつくりたい（納期回答）
5. 各工程の稼働状況を見たい（過去、将来）

スケジューラーを使うことで解決できることを十分に検証したか？

◆現場はスケジューラーを使うための受け入れ努力をしてくれたか

1. マスターの精度は大丈夫か（標準時間）
2. 現場は指示通りに動いてくれるか
3. 変更発生時のリカバリーはできるか

現場はスケジューラーを使うことに前向きかどうか？

3-6 製造指示書がない工場はどうすべきか

　リードタイム分析では、製造指示書を用いて製造実績データを収集します。ところが工場を訪ねてみると、製造指示書や現品票が見当たらないところに出会うケースがあります。特に最近、生産管理システムを入れ替えた大企業の工場に多く見られます。

　製造指示書や現品票がない工場では、製造開始から製造完了までを通した加工部品の製造進捗管理が簡単には行えません。ただし、計画もしくは製造指示通りに順調に製造されていれば、指示書や現品票がなくても問題はないようです。品種も工程数も少ない小規模工場などは、それでも何とかなるかもしれません。しかし、ある程度の規模の部品工場で遅れが発生した場合は、指示書（現品票）で進捗追跡ができないとどれだけ遅れているのか、対象加工部品が現在どこの段階にあるのか、いつになったら製造完了するかがすぐには把握できず、納期対応が混乱します。

　指示書がないとリードタイム分析にも対応できないため、標準リードタイムの設定やリードタイム改善目標の設定に難が生じます。長期滞留などの問題が発生した際に、何が原因なのかも簡単に分析できず、改善活動が頓挫する可能性もあります。

　また、製造指示書に記入されたロット番号を使い、生産ロットのトレース情報を追いかけている工場もあります。こうした工場が指示書をなくすと、十分なロットトレースができなくなる心配もあります。そこで、どのようなケースで製造指示書や現品票がないのか、指示書がないときにはどうやってカバーしたらいいかを以下に整理しました。

システム化が進んだために指示書がなくなった工場

　大企業ではITシステムの活用により、伝票レス化を進めたことで指示書をなくした工場があります。現場への指示はコンピュータ画面やタブレット画面で行われるため、紙媒体の印刷はしません。製造現場の自動化を推進した工場では、製造指示書や現品票などの紙媒体を用いた製造指示は必要ありません。

　こうした工場の場合は、どのような形で加工部品の進捗を管理しているかを

ロットトレースとは

完成製品に何らかの問題が生じたときに、その製品がどのロットでつくられたのかをトレースする
- 問題がどこの工程などで起きたかなどの発生原因を特定する
- 同じロットでつくられた製品を探す

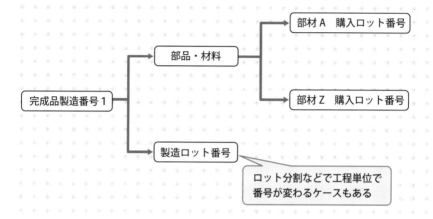

タブレットによる進捗管理

確認しましょう。システムで計画指示だけを出している場合は、進捗管理はできません。計画通りに製造しているという前提で分析するしかできません。この場合は、前項で紹介した流動数曲線グラフを使うことで、ある程度の把握が可能です。ただし、問題が起きていることがわかった場合でも、簡単に対策を講じることができません。

　画面入力システムの導入だけでは、必ずしもデータ収集がしやすくなるわけではないことに注意が必要です。製造指示書の場合は、バーコードやQRコードを利用することで簡単に実績入力できます。画面入力はバーコード入力よりも手間が発生します。張り切って新システムを導入したものの、現場から煩わしいと言われてタイムリーに手入力してもらえず、困っている工場もあるため注意してください。データ分析してみると、データ漏ればかり起こしていて分析できないケースもよく見られます。

🏭 生産管理システムが全体指示書に対応していない

　大企業の工場で問題になっているのが、ERPパッケージを利用したことで、全工程を通して使う製造指示書（現品票）がなくなってしまった工場です。特に海外製ERPパッケージの導入ユーザーに多く見られます。これは、2-7項で紹介したMRPの工程補充ロジック問題からきています。

　全工程を俯瞰して管理する製造指示書がないために、タイムリーな納期・進捗管理やリードタイム分析ができません。納期遅れ対策も中途半端なものになり、工場の納期混乱はいつまで経ってもなくならないのです。そうは言っても、何億円、何十億円もかけた高額なERPを、今さら捨てることを経営者が許可してくれるわけもなく、にっちもさっちも行かない状態になっている工場もあります。そこで最近、こうした企業のリードタイム分析を簡単に行う道具として「工程管理ツール」を開発しました。詳しくは5-5項で紹介します。

🏭 現場に実績収集端末を置けない

　製造指示書は発行しているものの、製造現場にデータ収集用の端末などを置けないという工場もあります。投資予算的な問題、設置環境上の問題、運用の手間の問題などさまざまな原因があります。こうした工場では、製造指示書や現品票に実績収集用の切り取り用紙を付加し、工程に流して回収するという方法もあります。

ERP パッケージの役割

ERP は統合データベースを中核に 4 つの業務管理機能を
実装したパッケージソフトのこと。日本とは商慣習の違
う海外製 ERP の利用には注意した方がよい

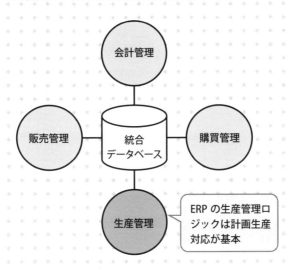

会計管理

販売管理

統合
データベース

購買管理

生産管理

ERP の生産管理ロ
ジックは計画生産
対応が基本

現品票による進捗管理

製造現場に PC やバーコード端末を置けない場合

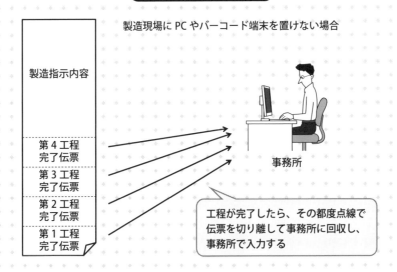

製造指示内容

第 4 工程
完了伝票

第 3 工程
完了伝票

第 2 工程
完了伝票

第 1 工程
完了伝票

事務所

工程が完了したら、その都度点線で
伝票を切り離して事務所に回収し、
事務所で入力する

　製造能力が十分に確保されていないと、納期通りに生産することはできません。どうしても納期を守らなければならない場合は、外注業者に製造を委託して対応してもらいます。ただし、それでは余計な外部流出費用が発生し、工場の付加価値（利益）を確保できなくなります（参考文献2を参照してください）。

　また、たとえ工場内に製造能力が十分にあったとしても、その能力を最大限に発揮して操業度を上げるような生産コントロール（生産計画）が行われていないと、予定（計画）通りの生産は難しく、リードタイム（待ち時間）が長くなって納期を守れなくなることがあります。

🏭製造能力と負荷を見える化する

　製造機械や工程の能力が無限にあれば、能力問題を気にする必要はありません。MRPが立てる生産計画は、この前提の下で計算で成り立っています。ところが、実際の部品工場で各工程の製造能力には限界があります。そのため、各製造機械（工程）の製造能力が実質どの程度あるのかや、どれほどの負荷で製造しているのかをタイムリーにつかむことも大事です。

　これは、機械の稼働状況を見ているだけではわかりません。実際に各加工部品のオーダーがどのような形で製造され、製造負荷調整作業がどんな状況にあるのかまでタイムリーにつかんでいなければなりません。そのためには、製造機械（工程）と加工部品オーダーの紐付けをして能力負荷状況を詳細に分析することが必要です。

　部品工場でよく行われている製造能力と負荷を分析する方法について、以下に紹介します。①から④に向けて管理レベルは高度化します。

①各製造機械（工程）で製造予定、もしくは製造された加工部品の日別（時間帯別）の生産数量を積み上げます

②各製造機械（工程）の製造時間がとれる場合は、生産数量ではなく、生産予定、もしくは製造された加工部品の日別（時間帯別）の製造時間を積み上げます。生産予定の場合はオーダー別製造実績時間はとれないため、標

機械の稼働状況可視化の功罪

IoT ブームなどによって機械稼働状況を見える化
する工場が増えている

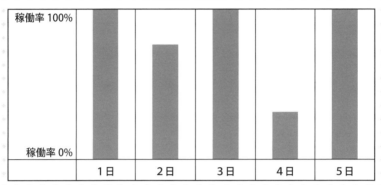

機械ごとの実績情報だけでは 100%を超えるオーダーがあってもわからない

機械稼働率分析の限界

機械稼働率の低下原因にはさまざまな要因があり、稼働率を見える化
しただけでは改善は進まない

◇ 機械の故障が多発して動いていない時間が増えた

◇ セットアップに手間取り、動かしている時間が減った

◇ そもそも加工部品が機械に流れてこない

◇ 加工部品の到着に変動が多く、機械稼働も変動する

◇ 外注会社の方が安くできるため、外注会社に出している

◇ 急な生産に対応できるように稼働を抑えている

◇ ロットが揃うのを待っていることが多い

準製造時間を使って計算して積み上げます。ただし、標準製造時間の精度が低いと、実用に耐える調整ができません

③上記の製造時間データを使い、ガントチャートを作成します（5-1項で紹介）。ガントチャートには負荷状況が見やすいだけでなく、ガントチャート上のバーを動かすことで計画調整が容易にできます。複数工程を紐付けて日程調整する場合は生産スケジューラーなどが必要です

④生産スケジューラーを使ってリードタイム調整します。生産スケジューラーは自動で調整するためのツールですが、いきなり自動調整するのではなく、最初は手動調整か負荷山積みの利用から始めて、徐々に自動化することが望まれます

🏭制約工程をうまく利用する

　工場管理手法として広く浸透しているTOC（制約条件理論）では、製造能力問題を次のように考えます。工場の全工程の製造能力と負荷を調整することは簡単にはできません。

　工場には工場全体の製造能力を発揮する上で、ボトルネックとなる制約（ネック）工程と制約工程以外の工程があるはずです。そこで、制約工程にターゲットを絞った負荷調整を行います。当該工場では、制約工程能力以上の製造はできないからです。すなわち製造能力は、制約工程の製造能力が決めることになります。

　工場の製造能力を高めるためには、制約工程の製造能力を上げるか、制約工程をフル稼働状態にすることが求められます。

　制約工程の稼働率向上のために、制約工程に絞った製造計画をつくるアプローチも重要です。生産スケジューラーを導入するときも、いきなり全工程の最適スケジューリングを目指すのではなく、最初は制約工程の計画立案に絞って動かしてみます。

　制約工程以外の工程は、制約工程に連動して動かす製造体制をつくることができれば、高度なスケジューリングをしたり、頻繁にスケジューリング変更を繰り返したりするようなことを防ぐことができます。制約工程の稼働率を上げるためには、制約工程の前に置いた部品の安全在庫の存在も重要です。安全在庫の存在によって制約工程が遊ばないようにします。

数量/時間の積み上げによる負荷調整

日付	生産数量	製造時間
最大値	120 個	600 分
1 日	100	500
2 日	90	450
3 日	120	600
4 日	80	400
5 日	150	750
6 日	50	250
7 日	100	500
8 日	140	700
9 日	120	600
10 日	120	600
11 日	80	400

製造時間 ＝ 標準製造時間 × 生産数量

工程負荷調整はスケジューラーを使わなくても、生産数量や生産時間を積み上げた表をつくるだけで調整できることも多い

TOCにおける制約工程の調整

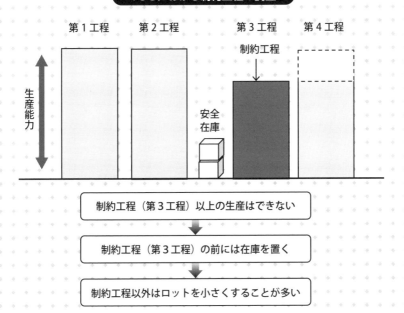

制約工程（第3工程）以上の生産はできない

制約工程（第3工程）の前には在庫を置く

制約工程以外はロットを小さくすることが多い

経済成長時代の成功体験に気をつける

　日本の工場関係者には、日本が高度経済成長やバブル景気に沸いていた経済成長時代の成功体験から抜け出せないでいる人がいます。彼らは、当時の工場経営や生産管理の常識の延長で工場を動かそうとします。

　ところが、現在の日本の工場を取り巻くビジネス環境は大きく変化し、「低成長」「人手不足」「安価な海外製品との競争」「想定外の災害対応」など経済成長時代とは異なるビジネス環境にさらされています。経済成長時代と同じ改善アプローチをしてもうまくいくはずがありません

　経済成長時代の日本のビジネス環境をひと言で言えば、「つくれば売れる」です。「つくれば売れる」環境に参入する前に、市場に受け入れられずに頓挫する企業もありましたが、一度「つくれば売れる」環境に参入できさえすれば、企業は継続的に成長できました。特にこの時代に、大企業の下請企業協力会に加入できた部品会社は安定成長が保障され、中堅企業に発展していきました。

　現在のような低経済成長下の工場、とりわけ下請部品工場のような受注生産体質の強い工場で、当時の考え方が機能しなくなってきています。たとえ協力会の企業であっても、安定発注してもらえるとは限りません。

　過去の成功体験に縛られていては、日本のモノづくり産業は衰退する可能性があります。

第 **4** 章

・・・・・・・・・・・・・・・・・・・・・・・

納期を守る
ためには
どうすべきか

　部品工場が納期遵守を徹底するには、具体的に何に着手すればいいのでしょうか。納期問題は、生産管理関係者や工場関係者だけの専権事項ではありません。部品工場全体を挙げて取り組まないと、解決できない難題です。自部門以外の人たちを説得するのは骨の折れる仕事ですが、自社の納期競争力向上を目指して地道に進めていきましょう。納期遵守の基本は、改善目標数字の明確化です。数値目標の設定が不十分だと、掛け声だけが勇ましくなるだけで、改善効果はほとんど得られないことが多いものです。

　リードタイムの分析結果をもとに、改善目標数字を定めて改善活動に取り組みます。目標数字が明確でないと各人の思惑が交錯し、最終的には声の大きな人の意見ばかりが通りやすいという状態になりがちです。改善プロジェクトはおざなりになり、消極的サボタージュが目につくようになります。

　改善目標数字の設定には、現状数字をベースに改善目標を決める「帰納法アプローチ」と、現状ではなくあるべき数字を定める「演繹法アプローチ」があります。

🏔 具体的なリードタイム目標を設定する

①実績リードタイム分析結果を目標に定める

　帰納法アプローチの基本は、リードタイム分析で集計した実績ベースの全体リードタイムの平均値、もしくは中間値をベースに改善目標数字を設定することです。ただし、実績リードタイムに異常値が残っていると、適切な目標数字とはならない可能性があります。そのため、このアプローチで目標数字を定める際は、異常値を整理してから検討することが求められます。

　実績リードタイムのバラツキが激しい場合は、次ページの図に示した計算式を用いて算出した期待リードタイム値を使います。

②正味製造時間に目標待ち時間を加える

　帰納法アプローチのもう1つが、正味製造時間に目標待ち時間を加えるアプローチです。部品加工工場における各工程の正味製造時間は、加工機械の単位時間当たりの製造能力によってある程度計算することが可能です。各工程の正味製造時間をすべて足したものが、各製品の標準製造時間です。

　これに待ち時間を加えて、全体リードタイムを定めます。加える待ち時間は、各工程の待ち時間の平均値や、中間値をもとに策定した改善目標値を足していくのが望ましいです。難しければ、標準製造時間の3倍程度を目標リードタイムに設定することもあります。実績リードタイムに占める待ち時間は20%以下（正味製造時間の5倍）の工場が大半ですので、3倍でもかなり短いリードタイム目標数字になります。

目標リードタイムの設定

1. 帰納法で決める
◇実績リードタイムをもとに改善目標を定める
◇標準正味製造時間に待ち時間目標を加える

2. 演繹法で決める
◇親会社の要求リードタイムを目標にする
◇ライバル会社の提案リードタイムを目標にする

3. 先行手配在庫量を決める
◇先行期間分の在庫を設定する
◇安全在庫計算式で在庫目標を定める
◇在庫が増え過ぎないように常時監視する

期待リードタイムとは

実績リードタイムがばらつく場合の期待リードタイムの求め方

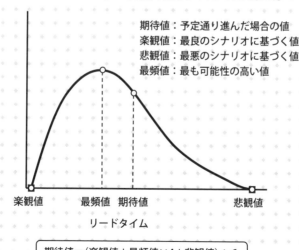

期待値：予定通り進んだ場合の値
楽観値：最良のシナリオに基づく値
悲観値：最悪のシナリオに基づく値
最頻値：最も可能性の高い値

楽観値　　最頻値　期待値　　　　　悲観値

リードタイム

期待値＝（楽観値＋最頻値×4＋悲観値）÷6

③親会社の要求リードタイムにする

　演繹法の代表は工場の事情を考慮せずに、親会社の要求標準納期（リードタイム）をそのまま目標数字にするものです。もしくは、ライバル企業の提案リードタイムを目標数字にすることも考えられます。この目標数字は、当該工場がビジネスを行っていく上で最低限守らなければならないルールとして説明すれば、現場の協力を得ることはそれほど難しくはありません。

　ただし、たとえば正味製造時間よりも要求リードタイムが短い場合などは、どんなに現場が努力しても目標数字は達成できません。精度の高い内示情報が示されていれば先行生産で何とかなりますが、それがない場合は自社判断での先行手配が必要となります。

　繰り返し型で品種が少ない場合は、先行手配期間もリードタイム目標の中に組み込んで目標設定するようにします。この場合は演繹法ではなく、帰納法での目標設定になります。

④先行在庫目標を定める

　品種が増えてくると待ち時間が変動し、かつ長くなってくるため、期間での目標設定は難しくなります。どこかの工程前に先行生産して、中間在庫を置いて対応する形になります。目標数値は全体リードタイムではなく、先行中間在庫を置く工程を特定し、そこに置く在庫量（もしくは在庫期間）が目標値となります。

　先行在庫はいずれ使われる在庫ということで、手配ルールが曖昧なことが多く、油断していると余剰在庫の山になりがちです。それを防ぐために安全在庫計算式を使う形もありますが、生産頻度の低い部品の安全在庫は計算上大きく膨れ上がることがあるため注意が必要です。

　先行在庫については、単に目標数字を定めるだけではなく、拙著「誰も教えてくれない生産管理システムの正しい使い方」で紹介した「ほんま式在庫分析表」を使い、こまめに監視することが求められます。

🏭目標リードタイムはどの程度が一般的か

　実際に部品工場全体のリードタイムはどの程度が適切でしょうか。これは、各工場の生産体制や置かれている状況によって変わってきます。

　筆者の経験では、カレンダーベースで1カ月が一般的なようです。この1カ月を1つの目安として、各製品の標準リードタイムやリードタイム分析で整理した各工場の実績リードタイムの妥当性を検証していくようにします。

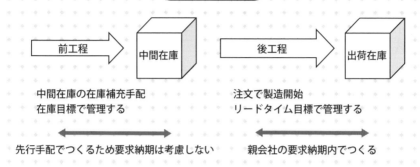

先行品の在庫

前工程 → 中間在庫   後工程 → 出荷在庫

中間在庫の在庫補充手配
在庫目標で管理する

注文で製造開始
リードタイム目標で管理する

← 先行手配でつくるため要求納期は考慮しない →　　← 親会社の要求納期内でつくる →

ほんま式在庫分析表

- ●在庫金額と数量の回転月数を表にして在庫の実態分析をする
- ●○で囲んだ部分の余剰在庫の発生原因から重点的に分析する
- ●在庫なしが多い場合は納期遅れが多発している可能性がある

		個別品目の在庫金額						全体	比率
		500万円以上	100〜500万円	50〜100万円	20〜50万円	10〜20万円	10万円未満		
在庫なし（除く廃番）	品目数							78	10%
1月未満	品目数	1	5	2	12	10	34	64	8%
	合計在庫金額	6,776	7,699	1,485	3,697	1,680	578	21,915	3%
1〜2カ月	品目数	2	11	8	8	8	16	53	7%
	合計在庫金額	17,279	25,780	5,551	3,278	1,156	365	53,409	8%
2〜3カ月	品目数		7	8	12	4	12	43	5%
	合計在庫金額		19,436	6,122	4,194	642	198	30,592	5%
3〜6カ月	品目数	5	28	12	19	6	20	90	11%
	合計在庫金額	33,452	70,004	8,334	6,730	899	506	119,925	18%
6カ月〜1年	品目数	3	21	7	20	11	23	85	11%
	合計在庫金額	17,749	42,225	5,076	7,271	1,570	300	74,191	11%
1年〜2年	品目数	4	22	10	8	5	22	71	9%
	合計在庫金額	27,916	49,244	7,350	2,446	835	250	88,041	13%
2年以上	品目数	10	57	32	27	14	51	191	24%
	合計在庫金額	74,802	136,134	24,670	9,656	2,011	2,038	249,311	38%
∞	品目数		6	6	7	2	104	125	16%
	合計在庫金額		9,604	3,714	2,041	315	1,016	16,690	3%
全体	品目数	25	157	85	113	60	282	800	100%
	合計在庫金額	177,974	360,126	62,302	39,313	9,108	5,251	654,074	100%
累計比率		3%	23%	33%	48%	55%	90%		
	合計在庫金額	27%	82%	92%	98%	99%	100%		

（回転期間は左端の縦見出し：回転期間）

リードタイム分析では、最初に待ち（滞留）時間がどこの段階で発生しているのかを明確にします。

🏭 どこで待ち時間が起きているのか

待ち時間は、初工程前に集中して発生している部品工場もあれば、特定工程間だけに集中して発生している工場もあります。工場全体に分散して発生している部品工場もあります。基本的には、滞留は制約工程の前で起きることが多いです。

実際に滞留や待ち時間が発生している場合、その原因にはさまざまなものがあります。次工程の製造能力不足で工程待ち状態が発生している工場もあれば、製造現場が先入れ先出しのような基本的な製造手順で製造していないために、加工部品が動かずに残っている工場もあります。また、特急対応に追われることで、鈍行列車のように特急品以外が待たされている工場もあります。

🏭 異常値を洗い出す

リードタイム分析で実際のリードタイムを整理してみると、なぜこんなに長いリードタイムになっているのか疑問に思える異常値が見つかることがあります。筆者のコンサル先でも、実績リードタイム分析で200日以上滞留しているオーダーが発覚した工場がいくつもありました。

本来なら、こうした異常な長期リードタイムのオーダーがあれば納期遅れを起こすため、どこかの時点で誰かが気づくはずです。しかし、こうした異常オーダーには伝票の処理ミスが原因であって、現物の納期遅れにはつながっていないものが多いようです。そのため、たとえ異常オーダーが残っていたとしても誰からも問題視されずに、コンピュータ上に異常オーダーだけが残っていることになりがちです。

しかし、異常値が放置されたままでは、適切な業務分析はできません。標準リードタイムの精度を上げるために平均実績リードタイムをつかもうとしても、異常値があれば平均値はその値に引きずられます。これでは、標準値の信

待ち時間の発生ポイント

①初工程開始が遅れている（部品遅れ、計画待ちなどによる）

②全体的に待ち時間が発生している（余裕時間、生産指示の問題などによる）

③特定工程の前で待ち時間が発生している（能力不足などによる）

リードタイム分析による異常値

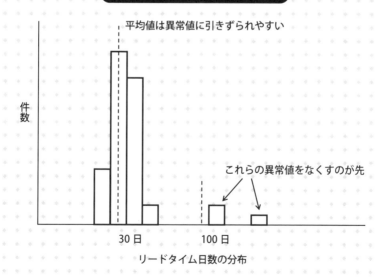

頼性も高まりません。

　納期管理の改善を進めるに当たっては、異常値をつぶすことが重要となります。主な異常値の発生原因を列挙しました。

　①実績データの入力漏れやミスが放置されていた

　異常値が見つかった際に、最初に疑うべきが実績入力のし忘れです。作業日報の記入やバーコード入力は、忙しくなると忘れやすいです。特に、製造時間終了時に一括入力するような製造現場は要注意です。入力忘れがあっても、気がつきにくいことが多いです。

　情報システム部の中には、定期的に異常値を自動修整しているところもあります。データ精度を守るためには有効な対策ですが、その代わりに現場が甘え、ミスに寛容になってしまうことが心配されます。

　入力漏れを防ぐには、前工程の業務完了入力がないと、次工程に指示書が出ないようにするのがわかりやすいです。しかし、そうすると伝票枚数が多くなり過ぎるため、現場が嫌がることで実現は難しくなります。

　入力ミスを減らすために現場の入力を徹底するとともに、入力し忘れをこまめに監視します。滞留時間が長いオーダーは、コンピュータ画面に自動でアラームを出すことも考えられます。

　②別のオーダー番号の伝票を先に処理していた

　繰り返しで同じような加工部品が流れている工場では、運搬具や伝票の順番を間違えることが起きます。後からきた伝票の部品を先に加工処理して流してしまい、前の伝票の部品はいつまでも停滞するような状態です。

　これを防ぐためには、製造現場の先入れ先出し生産体制を徹底することが重要です。現場意識の向上のみならず、現場改善活動の推進なども重要です。

　また、カムアップシステムや差立板などを使って製造指示伝票の置き場を整頓する対策も考えらます。

　③不良品、製造停止品などの処理が適切に行われていなかった

　製造工程の途中で不良品や製造停止品が生じた場合は、そのオーダーを取り消すか、正常品の伝票から分けて別に処理する必要があります。それを怠ったことで、オーダーだけがそのまま工程に残っていることがあります。不良部品は生産の邪魔になるため処理されているが、伝票は残っているというケースです。こうした製造現場では、不良品発生時の運用ルールの遵守を徹底するしかありません。

カムアップシステムとは

**当日しなければならない仕事をすぐわかるように
するための進捗管理の道具**

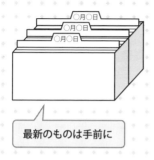

最新のものは手前に

やり方
①作業指示用の帳票を日程順に整理
　しておく
②所定の時期に自動的に命令・督促
　する

【備考】
期日が過ぎたものは取り出し、常に
最新の日付が手前にくるようにする

差立板の機能

作業者名や機械名の入ったポケットに作業指示書を入れ、作業配分や作業指示を行う。これにより、作業者は次の作業内容を把握することができる。一方で、管理者は差立板を見ることで作業の進捗状況を把握でき、進度管理に利用する

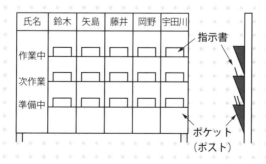

リードタイム分析を実施した工場で、実際にどんな待ち時間問題が起きていたかを、代表事例を中心に対策内容を交えて紹介します。

製造現場が製造指示を無視して勝手に製造順を変更

製造現場がコンピュータからの指示を無視し、自分たちの都合で生産順序を入れ変えるのが、部品工場で待ち時間が起きやすい一番の原因です。製造現場が順番を変更する理由には、「納期が迫っているものから」「つくりやすいものから」「ロットをまとめたいから」「現場都合でロット分割したから」などがあります。これが許されると、生産管理部が生産計画をつくる意味がありません。

こうした製造現場の独善活動を防ぐためには、製造現場判断による生産投入を極力させないようにします。システム指示遵守の徹底や先入れ先出し生産の徹底が大事です。

納期遅れ対策のための先行投入品（内示品）が途中で滞留

要求納期が短い部品の製造現場では、注文がくる前に先行で生産開始したり、内示情報をもとに生産開始したりすることがあります。こうして投入された部品がそのまま生産されればいいのですが、途中で注文がこないことがわかると生産がストップすることがあります。このオーダーがそのまま工程途中で動かなくなると、その時間が滞留時間になります。

実際にある工場では、確定注文が内示情報の1/5に減ったことで、途中工程で4カ月分の滞留在庫が発生していました。

ただし、内示情報が信用できないからと生産量を減らすと、内示情報通りに確定注文がきたときに欠品を起こす可能性があります。滞留仕掛在庫として残すか、最後までつくって製品在庫にするかを決めなければなりません。筆者は、途中で止めると錆などが発生する可能性があるのと、オーダー管理が厄介になりやすいため、最後までつくって製品在庫にすることを推奨しています。

製造現場方針が原因で起きる待ち時間

製造現場の製造方針例	どんな待ち時間が発生するのか
製造現場がつくりやすいものからつくっている	つくりにくいものが後回しになる
製造現場は完成納期が近いものからつくっている	納期に余裕があるものが後回しになる
現場が暇になったので、前倒しでつくった	前倒したものが後工程では後回しになる
特急指示の製品を優先してつくっている	特急指示がないものが後回しになる
納期遅れが心配なので、先行してつくるようにしている	先行製造した製品が後工程で滞留する
親会社の内示通りにつくっているだけだ	内示が変更して要らないものが残った
工程納期に遅れているものからつくっている	モグラたたき状態になり、余分な滞留が増える
製造効率を上げるためにまとめ生産をする	まとめ品が届くまでの待ち時間が発生する
欠品対策のために、外注には多めに発注する	多めに発注したものが残ってしまう

→ リードタイム分析により待ち（滞留）時間の原因を把握することが重要

なんで
待ってるの
かな？

🏭制約工程の能力が不足

工程途中に制約工程があると、前で滞留します。長期滞留が激しい場合は、制約工程の製造能力が不足していることを意味します。設備や人員を増強するか、現場改善活動を強化する、外注会社に製造分担してもらうなどの対策を講じ、当該工程の製造能力を高めるようにします。

🏭特急品優先が増え過ぎて、通常品が後回しになる

特急品対応が増え過ぎると、通常品は常に追い越されて滞留するようになります。これは、特急列車が増えると鈍行列車が途中駅で特急列車に抜かれる間、待っている姿を想像していただくとわかると思います。

親会社からのオーダー自体が特急品ばかりであれば、親会社に納期交渉をすることも必要です。ただし、特急品は1-6項で紹介したように、自社の標準リードタイムの設定が長過ぎることが原因のケースもあるため、なぜ特急品が発生しているのかの分析を十分に実施してから対策検討することが大切です。

🏭複数工程の同期対策が不十分

複数工程で加工した部品などが合流して1つの部品を生成するような工場の場合は、各部品の製造同期が不十分で、特定部品だけが相手を待つために滞留することがあります。この対策は、生産計画作成段階で合流タイミングを十分に検討することですが、難易度は高いです。

🏭外注会社や部品工場の納期遅れが急に増えた

自工場内ではなく、外注会社に出している製造工程の納期遅れもあります。この場合は滞留時間の急増という形ではなく、外部仕掛在庫の増加という形で表面化することがあります。外注会社に渡す部品を支給扱いにしている場合は、支給金額が増加します。

🏭運送のタイミングが合わなかった

工場同士が離れているときや工場と外注会社の間が離れている場合に、頻繁に部品をやりとりしていると物流費が高くなり過ぎてしまいます。そこで、ある程度まとめてやり取りするケースがあります。この場合は運送手配待ちが発生します。海外相手の部品だとこれに物理的な運搬時間が重なり、さらに待ち時間が増えてしまいます。

特急が多発して混乱する現場

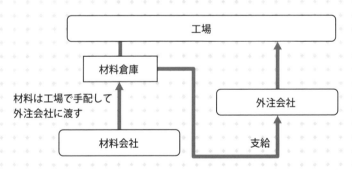

外注会社への材料支給

外注会社の材料調達納期に心配がある場合は、工場で材料を調達して
外注会社に支給する。外注会社への支給額の増減も監視すべき

製造現場の改善努力も
欠かせない

　本書では主に、生産管理面や納期管理面から見た部品工場の納期遅れ対策を
紹介してきました。ここでは、部品工場の製造現場における納期遅れ（リード
タイム短縮）対策のための現場改善活動について紹介します。生産管理面の対
策と並行して現場改善活動を通じた改善も重要です。

設備を増強して能力を上げる

　工程設備の製造能力が不足していると、リードタイムは短くなりません。対
象設備が空くまで、加工部品は待たされるからです。リードタイムを短くする
ためには工場の製造能力向上、特に製造上のボトルネックとなりやすい制約工
程の製造能力増強の検討が必要になります。資金的に余裕があれば、製造設備
を更新して製造能力を高めることも選択肢です。ただし、製造設備を更新すれ
ばその分の作業経費（固定経費）は増加するため、利益が減る恐れがありま
す。

現場改善活動によって能力を上げる

　設備更新に頼らず、製造工程の製造能力を増強させる手段が現場改善活動の
実践です。現場改善活動をすることで生産効率が上がれば、製造能力を高める
ことができます。そうすれば、設備増強と同じく工程ネックによる滞留を減ら
すことができ、リードタイムも短くなります。

　現場改善活動で気をつけなければならないのは、活動目的としてコストダウ
ンを意識し過ぎないことです。コストダウン目的が強く出過ぎると、次ページ
に示した図のような形でモラールダウンが蔓延し、かえって現場作業員の生産
効率が悪化する可能性があります。

先入れ先出し生産を徹底する

　製造現場におけるリードタイム短縮活動の基本とも言える作業が、各製造工
程での先入れ先出し生産を徹底させることです。運搬具に当該工程に到着した
日時を記入した札や、到着した日に合わせて色を変えた札をつけたりして、ひ

悪い現場改善フロー

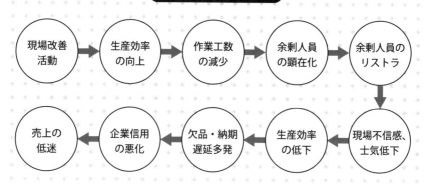

生産効率の向上が、生産量の拡大ではなくリストラによる人員削減だと
わかれば、現場の士気（モラール）が低下する可能性がある

運搬具で遅れを見える化する

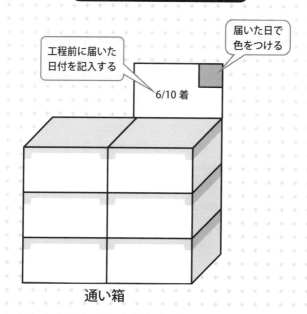

通い箱

と目で製造順番がわかるようにするなどのことを行います。

　先入れ先出し生産を徹底することで、リードタイムを短縮させることも可能です。筆者がコンサルティングした工場には、先入れ先出し生産の徹底だけでリードタイムが10日以上短縮した工程もありました。

🏭できるだけロットを小さくする

　リードタイムを短縮するための基本アプローチが小ロット化の推進です。なぜ、ロットを小さくするとリードタイムが短くなるかと言えば、工程待ちによる滞留時間を減らすことができるからです。小ロット化の進化系が、ワークを1個ずつ流す1個流し生産です。特にトヨタ生産方式（TPS）による工程改善活動で重視されます。

　ただし、ロット切り替えのために段取り替えが増えると、段取り替え時間の増加で工程待ち時間の短縮効果が相殺されます。したがって、小ロット化の推進のためには段取り替えの短縮活動にも力を入れることが必要です。TPSではシングル段取りと呼んで、段取り替え時間10分以内を目標とします。

　部品工場には熱処理工程、めっき工程、金型を使った成形工程などのように小ロット化が難しい加工工程もあります。こうした工程があると、ロット待ちによる滞留が増えることがあります。もし、こうしたケースが考えられるのであれば、初工程から最終工程まで同じロット数で流した方が管理はしやすくなります。

　実際にどんなロット数で流すかは、簡単には決められないため、試行錯誤しながら決めていくこと必要です。

🏭製造品質を向上させる

　製造工程での製造品質が悪いと、予定通りの生産数量が確保できずに、つくり直しが起きることがあります。たとえば、鋳造品は一般的にリードタイムは長いと言われていますが、それは製品に鬆の入る比率の調整が難しく、あえて鋳直す期間を盛り込んでいるためです

　歩留りが悪く製造品質の悪い工場では、納期遅れを防ぐために標準リードタイムを長く設定しているところもあります。これでは実績リードタイムも短くなりません。

　そのため、歩留率（不良率）の目標を設定して改善活動を実施することも重要です。

小ロット化によるリードタイム短縮

生産ロット 100 の場合の生産時間

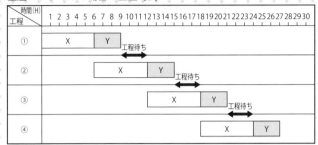

生産ロット 50 の場合の生産時間

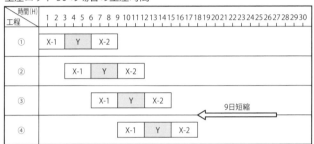

ロット待ち

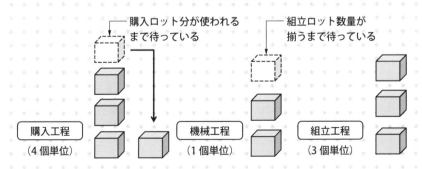

　納期遵守率を高めて欠品を防ぐためには、制約工程の製造能力を高めることが重要です。しかし、いくら制約工程の製造能力を高めても、親会社の需要変動などで生産量がばらつくと、せっかくの製造能力向上が活かせません。制約工程は十分な生産量が確保できない状態と、明らかに能力オーバーな状態が交互に起きるようになり、制約工程前に滞留品があふれてしまいます。

　工場がこの状態のままだと、まともな納期管理は行えません。工場内には納期遅れ品や欠品オーダーがあふれ、製造活動は混乱します。工場がこうした状態にならないようにするための対策に、安全在庫と生産平準化があります。

🏭 安全在庫を活用する

　突発的な在庫切れを起こすことがないために、積み上げておく在庫が安全在庫です。安全在庫には、販売製品の需要変動に対応するための「需要変動対応安全在庫」と、事故や災害などの突発的な生産活動の停止に備えるための「生産変動対応安全在庫」があります。

　受注生産部品の安全在庫数は生産管理システムに設定するのが一般的ですが、需要変動対応安全在庫と生産変動対応安全在庫では安全在庫数の決め方は異なります。需要変動対応安全在庫では、次ページの図に示した安全在庫計算式を使って原則、対象製品に使う全部品の標準安全在庫値を計算します。ただし、変動が激し過ぎる場合は、この式を使うと在庫数が膨れ上がるため注意が必要です。生産変動対応の安全在庫の場合は、欠品リスクの高い重要部品だけに絞り、あらかじめ定めた工場運用方針に従って数量や日数を設定します。

　安全在庫数は余剰在庫や欠品発生を誘発しやすい数値であるため、頻繁にメンテナンスをすることが大切です。今までは外注会社の納期対応に甘えて安全在庫を絞ってきた工場も、今後は自社の安全在庫方針をしっかり定める必要性が高まってきています。

🏭 生産平準化を目指す

　生産変動が激しい場合は、生産能力を超えたオーダーが入ってつくれなくな

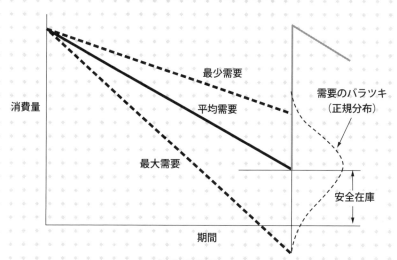

◆安全在庫量＝安全係数 ×√リードタイム × 出荷量のバラツキ（標準偏差）
　安全係数：2.33（品切れ確率 1%）、1.65（品切れ確率 5%）

平準化の進め方

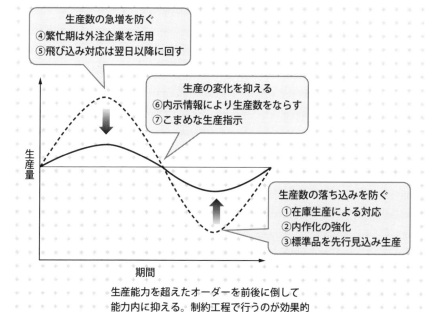

生産能力を超えたオーダーを前後に倒して
能力内に抑える。制約工程で行うのが効果的

ることがあります。そのため生産手配オーダーをならして、生産能力内で生産できるようにすることが求められます。この作業を生産平準化と呼び、前ページに示す図のような形で負荷調整します。

　この調整がうまく働けば工場の操業度も上がり、納期管理はしやすくなります。平準化生産の実現に当たっては、単に在庫に頼るだけでなく親会社や営業に協力してもらうことも大切です。たとえば、親会社の近くに納品倉庫を設けて納期調整用の緩衝在庫を置いてもらい、工場はそこの在庫状況や消費状況を見ながら補充生産するような形も考えられます。

🏭受注生産品と在庫生産品を組み合わせる

　工場の平準化生産実現のため戦略的に取り組むアプローチに、トヨタ自動車をはじめ多くの自動車会社などが採用する平準化生産計画立案策があります。このアプローチでは、受注生産品の生産と在庫生産品の生産を組み合わせて製造負荷を調整します。

　在庫生産品とは、ある程度在庫していても、いずれはなくなる可能性が高い製品のことです。汎用部品など計画的に在庫できる量産品が代表です。先行生産して在庫しておくことが許される保守用部品や、納期が長い製品なども在庫生産品の一種です。

　このアプローチを実践している自動車メーカーの組立ラインでは、国内向けの右ハンドル車が受注生産品に当たります。受注生産品のオーダーだけでは生産ラインの操業度はぶれやすいため、フル操業状態を維持し続けることは困難です。そこで、組立ラインの空いた時間を利用して在庫生産品である輸出用の左ハンドル車を生産します。

🏭ダイナミックプライシングとは

　先行手配受注品と短納期受注品を組み合わせて稼働率を高く維持させようとしている典型が、ホテルや航空会社などの固定投資型サービス業者が行っている「ダイナミックプライシング」という需要変動に合わせた価格調整手法です。

　部品業界では数量と価格は連動しても、納期と価格は連動しないことが多いですが、今後は平準化のための価格政策を取り入れる会社が出てくることが考えられます。

部品納品倉庫を活用した平準化

部品工場は部品納品倉庫の在庫を見ながら
平準化生産することができる

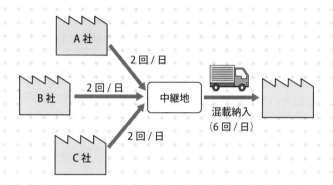

計画品の在庫生産を用いた平準化

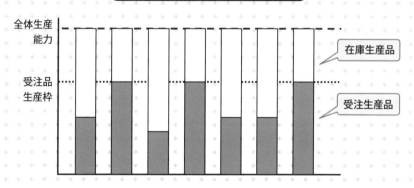

あらかじめ、受注生産品の生産枠を確保。余った分で在庫生産品の
生産を実施し、工場の稼働率を向上させていく

　日本の製造業界を取り巻く環境の中で、注意しなければならないのが外注会社との接し方が変化していることです。日本の大手企業の購買部門や生産管理部門の担当者には、下請外注会社を見下している人がいます。外注会社の納期遅れがあったとしても、叱りつければ次からは納期を守ってくるという程度の認識の人もいます。生産管理システムには、外注会社は指示通りに納品してくるのが当たり前という前提でつくられているシステムもあります。

　それが、人手不足問題がこの常識を変えつつあります。大手メーカーの工場でも人手を確保できないのに、中小の外注会社が十分な人手を確保できるわけがありません。外注会社の納期遅れで、発注元企業やサプライチェーン全体の生産がストップすることも実際に起きています。突然、廃業を通達してくることも心配されます[16]。

要求納期の変更はしない

　下請外注会社の納期管理で最も困っているのは、短納期下での納期変更の多発です。今までの日本の製造業界では、納期変更は当たり前のように行われてきました。発注元の生産管理担当者や購買担当者は、これを改めざるを得ない環境に変化してきていることを意識すべきです。

　要求納期変更が減れば、外注会社の納期管理は楽になります。また、安定的な平準化生産を実現することも可能になります（前項で述べました）。平準化生産は外部購入費用削減にもつながる話で、要求納期変更が生じないような発注を目指すべきです。

　最終ユーザーの意向による納期変更や、設計変更のために生産計画が変動している部品工場もあると思います。それでも何とか要求納期変更を抑えられるように、対応策を検討しましょう。

安全在庫を使ってリスクを減らす

　外注会社の納期管理が難しくなってきたことで、要求納期通りに外注部品が

16　新型コロナウイルス感染症問題で企業体力が落ちている会社がここへきて増えています。

外注会社の変化

今までの外注会社に対するイメージ

◇外注会社は納期を守ってくるのが当然
◇外注会社が生産を断ってくることはない
◇代替外注会社はいくらでも見つかる
◇納期が厳しければ外注会社が在庫しているはず

現在の外注会社問題（➡外注リスクの顕在化）

◇人手不足は中小外注会社の方が深刻
◇外注会社の経営者は常に廃業を考えている
◇安定発注してあげなければ経営を維持できない
◇リストラによって急な発注への対応力はなくなっている
◇技術力のある外注会社は強気の交渉をしてくる
◇新型コロナウイルス問題で経営体力が落ちている

外注会社が倒産すると生産が止まる

外注会社の倒産リスクに注意する

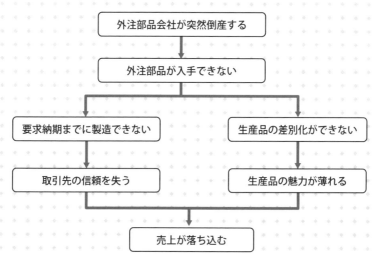

外注部品会社が突然倒産する

外注部品が入手できない

要求納期までに製造できない

生産品の差別化ができない

取引先の信頼を失う

生産品の魅力が薄れる

売上が落ち込む

生産できない事態が増えています。外注部品が納品されないことで生産が行えないリスクを防ぐには、外注部品の安全在庫を確保しておくしかありません。

　たとえば計画型生産工場が外注会社に対して、過度な短納期納品要求を押しつける必要があるでしょうか。いずれ使う外注部品については、ある程度の安全在庫を保有しても大きな問題にはなりません。発注点管理やMRPのような在庫補充型手配でも十分に生産できるはずで、短納期納品にこだわることはないのです。調達に当たっては、外注会社が能力不足を起こさないように平準化した発注を心掛ける必要があります。

🏭内示調達を止めて確定注文に切り替える

　上記にも関連しますが、日本独特の内示調達は早急に見直すべきです。外注会社に生産計画を流す意味までは否定しませんが、確定注文数と大きく異なるような精度の低い内示情報の提示は改めるべきです。

　発注元は外注会社に対して内示情報ではなく、十分なリードタイムを持った確定注文を出すことを目指すべきです。調達関係者は内示調達という悪習があるために、下請工場の納期管理がいかに混乱しているかを理解しましょう[17]。

🏭外注会社の製造進捗が把握できるようにする

　外注会社に内示情報を流す代わりに、発注元の工場が、管理レベルの低い外注会社の進捗情報を直接管理する仕組みを導入するのも手です。クラウドシステムを使うことで、複数の外注会社工場を結んで製造実績情報を収集することは難しくありません。外部の介入を嫌がる外注会社もありますが、納期遅れの許されない重要部品については外注工場の進捗管理体制を構築すべきです。

🏭外注会社にも製造ロット番号管理を導入する

　上記のような進捗管理システムを機能させるためには、部品会社の生産管理は製造ロット番号管理か整番管理であることが必要です。

　中堅規模以上の部品工場では、MRPで生産管理している工場があります。MRP利用の部品工場では、進捗管理が十分にできない可能性も拭えません。直接進捗管理をするかどうかはともかく、外注会社の生産管理システムについてもどのような管理方法を用いて管理しているのか確認しましょう。

17　この問題は、部品工場だけでなく製品工場でも同じです。

外注会社に対する納期遅れ対策

外注会社の納期遅れに対しては早めに対策をとることが重要

◇ 外注会社の標準リードタイムを整理する

◇ 外注会社が保管している在庫の状況を確認しておく

◇ 発注量の変動を抑えて、外注会社が生産しやすい状況をつくる

◇ 外注会社への特急注文や小ロット注文は極力抑制する

◇ 長期リードタイムが必要な材料は無償支給に切り替える

◇ 内示手配から確定注文手配に変更し、外注会社を安心させる

◇ 資金面で不安のある外注会社には資金援助を検討する

外注会社の進捗管理も実施

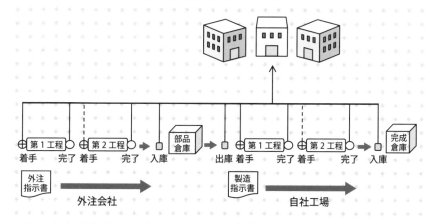

　部品工場の納期管理強化は、工場単独ではできません。営業部門の協力が必要です。ここでは、納期管理に営業部門をどのように巻き込むかについて紹介します。

📈 計画生産工場の営業参画

　計画生産工場では「計画」を作成する必要があります。計画とは、何らかの形で予測された数字に対して、責任者がその実現のための活動を意思決定するものです。

　販売計画に基づいて汎用部品を生産し販売している部品工場では、営業部門が策定（意思決定）した各汎用部品の販売計画数量もしくは販売用在庫数量計画に対して、工場がどこまで製造できるかを検討し、意思決定した数字が生産計画数字となります。

　営業が確定した販売計画数字を守らないと、生産計画は意味を成しません。製造能力が不足して計画通りに製造できなかったり、工場が空き状態になったりする可能性が生じます。この状態では納期管理が混乱して、汎用部品在庫の過不足が生じやすくなるのです。欠品回避だけでなく、利益創出も難しくなります。

　変動が激しい工場では、生産管理システムによる生産計画策定機能に過度に期待する傾向があります。しかし、ただシステムを入れただけで、この問題を解決できるとは限りません。システム化以前に、計画遵守の重要性に関する関係者への教育が何よりも必要です。

　また、自社の計画策定の流れを整理することも重要です。整理する中で、営業と生産管理部門の役割整理も求められます。お互いの役割認識が違った状態では、適切な納期管理はできません。お互いの情報共有を進める仕組みとして、S&OPやATPなどの仕組みがあります。

📈 受注生産工場の営業参画

　受注生産工場の場合は、販売計画ではなく顧客からの注文情報や内示情報を

S&OPとは

S&OP：Sales & Operation Plan

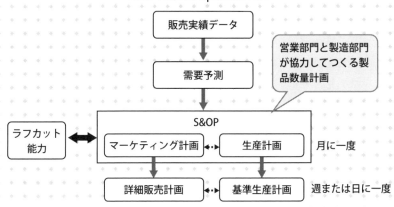

ATP （販売可能数：Available To Promise）＝生産計画数－受注引当数

期間	在庫	1週間後	2週間後	3週間後	4週間後	5週間後
生産計画数 （MPS）	120	40	30	40	30	40
受注引当数 （予約数）	100	35	30	40	25	40
販売可能数 （ATP）	20	25	25	25	30	30

ATPを使うことで在庫がない段階でも納期調整ができる

起点として、生産計画が策定されます。注文数量通りに製造できるかどうかを工場が検討し、意思決定した数字が生産計画数字です。

　販売計画起点の計画とは異なり、手配数量は注文で確定しているため、綿密な生産計画は必要ないように見えます。しかし、それは製造能力や要求納期に十分な余裕がある場合だけです。

　確定受注がきてから生産したのでは、納期に間に合わない部品を製造する受注生産企業の場合は、工場で生産調整をしなければなりません。取引先からの内示情報の精度が高ければいいのですが、精度どころか内示数字を頻繁に変更してくる取引先もあります。この場合は、先行での生産計画策定が必要です。

　こうした工場ほど、営業の行動を問題視する傾向があります。解決策は営業が生産量を約束することだと主張する工場関係者もいますが、それは単なる責任転嫁に過ぎません。そもそも変動は、発注元である親会社の生産管理に問題があるから起きていることで、営業に約束を期待しても意味がありません。

　予測数字を要求された営業部門はサバ読みに走りやすくなります。それに対して、工場部門がサバ読みで対応することもあります。さらに営業ノルマの厳しい会社になると、営業部門が必要以上に大きな数字を出してくる場合もあります。こうした不信感が高じて、予測数字は営業がつくるのではなく、工場が自らつくった方がいいという結論になる企業もあります。

🏭 取引先によって生産計画のつくり方は変わる

　実際の工場には、さまざまな形態の部品が流れています。まずは親会社、もしくは品目単位で生産計画策定までの流れを整理しましょう。最近は、先行手配型受注生産の工場も増えています。

　代表的な計画策定の流れは、次ページの図に示すパターンです。営業部門に協力してもらって情報の流れを整理するとともに、各情報の精度についても分析するようにします。流れや精度の整理のためには、営業部門の協力は欠かせません。

　受注生産型部品工場は、安定した取引先を抱えていればリスクの少ない商売です。ただし、親会社からの発注量の変動によって売上や利益が左右されやすく、独自での納期管理が重要となります。

　納期対応をめぐり、工場と営業がいがみ合っていてはどうしようもありません。お互いに腹を割って話し合うことが重要です。社内だけでまとまらないときは、コンサルタントにその役目を担わせることを検討するとよいでしょう。

計画策定フローの整理

販売在庫計画と生産計画

重点業務ポイント

注文 →

内示情報 →

需要予測
販売予測 →

販売見込み →

販売在庫計画 ⬌ 生産計画

→ 納期遵守必達

→ 内示精度分析

→ 安全在庫調整

→ 営業責任明確化

営業部門の役割　　　　生産管理部門の役割

営業と工場の水増し合戦

営業部門の水増し
- ●顧客の要求納期よりも早めの納期を指示する
- ●顧客の要求数よりも多めの数字を手配する
- ●必要数量や必要在庫数を嵩上げして計画手配する
- ●まだほとんど決まっていないのに先行手配を始める
- ●顧客からの圧力を過度に強調する
- ●標準リードタイムの短縮をしつこく要求する

 疑心暗鬼

工場の水増し
- ●完成予定日を少し遅らせて営業に伝える
- ●過度に製造能力が足りないと強調する
- ●標準リードタイムをあえて長く設定する
- ●本来の製造計画数よりも少ない計画数字を営業に伝える
- ●営業担当者によって回答数字を変える
- ●在庫があるのに「ない」と回答する
- ●安全在庫を想定以上に積み上げる

4-8 個別受注品を生産する工場 向け部品の納期管理

部品工場が部品を納入している親会社の製品工場にはいくつかの生産方式があります。図に掲げたETO生産、MTO生産、ATO生産、MTS生産の4つが代表です。個別受注品生産とは、この中のETO生産のことです。

⛏個別受注品生産工場とは

営業が顧客と製品仕様を検討し、設計部門はその仕様をベースに販売する製品の設計を行い、工場に製造手配します。代表的なETO生産が造船や大型設備品の組立です。専用機械メーカーにもETOで生産している工場があります。建築業もETO生産の代表です。

部品工場の親会社として一般的なのは、自動車部品や電気製品など量産型のMTS生産工場ですが、ETO生産工場を親会社としている部品工場も数多く存在します。そのETO生産工場を納入先としている部品工場で、納期管理に苦労しているところが増えているようです。

⛏ETO生産工場向け部品の特徴

ETOやMTOなどの受注生産型の製品生産工場は、基本的に受注生産分の部品しか注文しません。MTS生産工場のように在庫分をまとめて手配することは珍しく、生産数量も少なくなります。生産数量が少ないと段取り替えなどの工程変更時間が多くなり、リードタイムも長くなります。

受注生産用の部品は、MTS型の自動車部品のように安定的な発注があるわけではありません。内示情報もないことが多く、需要変動が日常的に起こります。そのため、部品納期としては余裕を持って、1カ月前後を指定する部品工場が多いようです。この程度の納期余裕があれば、部品工場の納期管理はそれほど難しくはありません。Excel表などで工程計画をつくって製造対応している工場が多いようです。

同じ受注生産でも、MTO生産工場向け部品とは異なり、ETO生産工場向け部品はリピート性（繰り返し性）は高くないことが多いです。リピート性がないと部品工場でもETO生産、すなわち部品の製造設計から工程をスタートさ

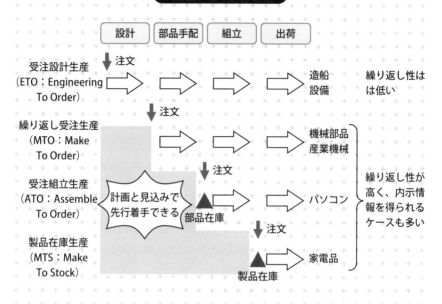

製品工場の生産方式

|設計|部品手配|組立|出荷|

受注設計生産
(ETO: Engineering
To Order)
注文
造船
設備
繰り返し性は
は低い

繰り返し受注生産
(MTO: Make
To Order)
注文
機械部品
産業機械

受注組立生産
(ATO: Assemble
To Order)
注文
計画と見込みで
先行着手できる
部品在庫
パソコン
繰り返し性が
高く、内示情
報を得られる
ケースも多い

製品在庫生産
(MTS: Make
To Stock)
注文
製品在庫
家電品

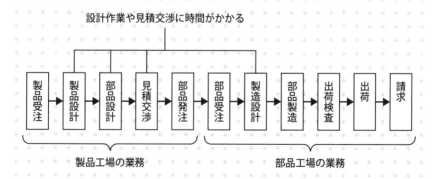

ETO生産製品の工程フロー

設計作業や見積交渉に時間がかかる

|製品受注|製品設計|部品設計|見積交渉|部品発注|部品受注|製造設計|部品製造|出荷検査|出荷|請求|

製品工場の業務　　　　　　部品工場の業務

せることが求められます。親会社からの発注図面をもとにした製造設計作業や
NCデータ作成作業は人手作業となりますが、この作業のためにさらに長い納
期が必要となるのが普通です。

　ところが、最近は極端に短い納期（数日）で、部品を注文してくるETO生
産工場が急増しています。競争によって製品自体の生産リードタイムが短く
なってきたという側面もありますが、仕様変更や設計変更が多発して発注部品
図面がなかなかでき上がらないという製品工場も増えています。そのしわ寄せ
が部品工場に来ています。1週間以内の納期を指定してくるとか、注文書を発
行する伝票処理が間に合わないために、見積依頼図面を渡した段階で価格も決
めずに製造開始してほしいと言ってくる製品工場もあります。ここにも、日本
の製造業界を取り巻く人手不足の波が押し寄せています。

🏭 どんな対策が必要なのか

　ETO生産工場に対して、短納期で製造して納品しなければならない部品工
場はどうすればいいでしょうか。原則は他の部品工場と同様に進捗管理の強化
です。進捗管理システムが機能していないと、納期遅れ対策の手は打てません。

　部品工場の対策としては、受注生産による需要変動に対応するために、作業
要員（設計、製造）や製造設備に能力余裕を持たせておく工場もあります。能
力余裕が十分にあれば、少しぐらいの需要変動は吸収することが可能です。急
な納期の注文にも対応できます。

　従来の部品工場では、能力調整を作業者の残業対応で行ってきました。しか
し、働き方改革時代には残業で変動対応することは難しくなってきました。ま
た、作業者や設備に余裕を持たせるための投資は、固定経費負担を増やすこと
になります。それでは工場経営が成り立たなくなると反論されるかもしれません。

　次善の対策として考えられるのが、親会社から親製品の生産予定情報をもら
うことです。ETO製品自体は、それなりの納期を確保して受注しており、設
計が完了していなくてもかなり前の段階で生産予定はわかるはずです。それ
を、部品工場に流してもらうように交渉します。そうした情報があれば、それ
を使ってあらかじめ能力調整することができます。

　また、個別部品とはいえども、過去に類似部品をつくった経験があるケース
も考えられます。過去の販売・生産情報を再利用する仕組みを整備すること
で、見積、製造設計、製造手配などの業務効率化やリードタイム短縮を実現す
ることも重要です。

ETO生産工場向け部品製造の特徴

◇ 設計図ができないと見積依頼も注文も出せない

◇ 基本的には内示情報は出てこない

◇ 親会社が設計に遅れて短納期になりやすい

◇ 設計変更が多発すると納期対応が混乱する

◇ 一般的に生産数量は少ない

◇ 在庫対応ができず需要変動が激しい

◇ 受注番号（製造番号）で進捗管理する

◇ 部品コードのやり取りはほとんど意味がない

主な納期対策の例

◇ 製造工程の進捗管理を強化する

◇ 需要変動のために工場の製造能力余裕を持たせておく

◇ 作業者が残業することで対応する

◇ 親会社から事前に生産予定情報を入手する

◇ 過去の販売・生産情報を再利用する

コロナウイルスがJIT生産を時代遅れにした

　新型コロナウイルス感染症問題が、日本の多くの製造業者が強みと考えていたJIT生産が、リスクのある生産体制だったことを気づかせてくれました

　災害やウイルス感染の発生などで外注先の部品工場が休業に追い込まれた場合、当該製品工場のみならず取引先の部品会社群を含めたサプライチェーン全体が機能麻痺する恐れがあります。製品会社がJIT調達にこだわり過ぎると、当該部品工場や製品工場だけではなく、災害や感染とは無関係な部品工場も休業を余儀なくされる可能性があります。経営基盤が弱体な中小企業の中には、資金繰りの悪化で経営を維持できなくなる懸念もあります。

　この問題を抑える最善のリスク対策は、資金力に余裕のある大企業の製品工場が、先行して在庫品を調達することにあります。具体的に言えば、従来のJIT納品体制を、最低でも2〜3週間分の調整在庫を蓄える体制に変えることです。

　日本の製造業界のサプライチェーンが崩壊すると、日本経済復活どころではありません。崩壊したサプライチェーンは、国民への現金給付では回復しません。大企業は、JIT調達にこだわっている状況ではないのです。

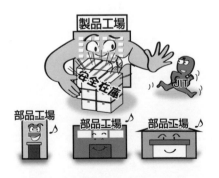

第 5 章

部品工場の
納期管理を
サポートする

　締めくくりとして、ここでは外部から部品工場の納期管理問題をサポートするためのトピックについて取り上げます。ここまで紹介してきたように、納期問題の解決はなかなかひと筋縄ではいきません。基本的には自社内で解決したいところですが、中には自社だけで解決できない課題が浮上してくることもあります。そうした際には、外部コンサルタントを活用したり情報システムを導入したりするなど、各種サポートの活用を検討するのも1つの手です。

部品工場の日程計画を視覚的に整理する計画管理ツールとしてよく使われる
ツールに、ガントチャートとPERTがあります。ここでは、ガントチャートと
PERTの運用について紹介します。

🏳ガントチャートで計画をつくる

ガントチャートは、アメリカ人のヘンリー・ガントという人が考案した進捗
管理ツールで、バーチャートとも呼ばれます。縦軸に作業項目、横軸に時間を
置いた表の上に、対象オーダーの作業時間をバーで表記する形で示します。作
業項目単位にバーを分けて表示することで、各ワークがどの工程で、いつから
いつまで作業されるのかがひと目でわかるようになります。ガントチャートは
日程計画を表記するツールとして最も身近な管理ツールで、ほとんどの方は見
た経験があると思います。

ガントチャートは、単独の日程計画可視化ツールとして用いられるだけでは
なく、生産スケジューラーのインターフェイス画面としてもよく使われます。
生産スケジューラーの計算結果をガントチャート形式で表示し、計画作成者が
確認して問題がなければ、計算結果に基づいて製造指示が出力されます。

ガントチャートは視覚的には非常にわかりやすい一方で、工程作業間の前後
関係の紐付けが若干わかりにくいのが弱点です。複数工程の日程調整を行う場
合は、個々の作業ごとにバーを移動させながら行うのですが、日程計画の調整
に手間取ると作業工程の前後関係が逆転することがあります。

工程の順番をわかりやすくするために、同じオーダーの工程作業バーの前後
を線で結ぶという表記があります。後工程のバーが前工程のバーよりも前にあ
る場合は、この線の傾きが逆になるため、それを見ることで作業予定日が逆転
しているかどうかはすぐにわかります。

スケジューラーを使ってスケジュールを手修整する場合は工程の前後関係が
重要で、スケジューラーのガントチャート上ではこの線が自動表示されるよう
になっています。バーを移動させると、線もバーに追随して移動します。

大型組立品のように工期の長い生産品の計画の場合は、多段階でのガント

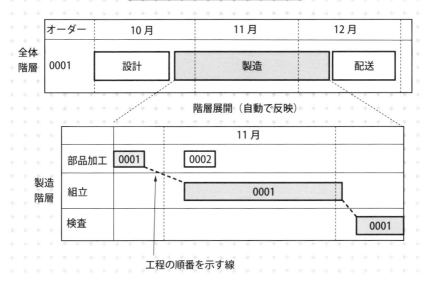

ガントチャートによる計画作成

オーダー	10 月	11 月	12 月
0001	設計	製造	配送

全体
階層

階層展開（自動で反映）

	11 月
部品加工	0001　　0002
組立	0001
検査	0001

製造
階層

工程の順番を示す線

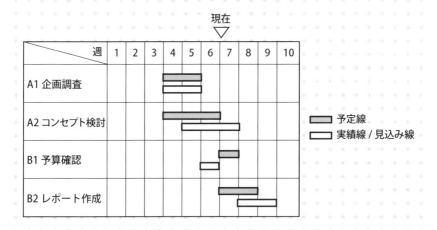

二重線表記とは

現在

週	1	2	3	4	5	6	7	8	9	10
A1 企画調査										
A2 コンセプト検討										
B1 予算確認										
B2 レポート作成										

予定線
実績線 / 見込み線

予定線と実績線（見込み線）の比較がしやすい

チャート管理が必要です。部品工場のガントチャートは全体の一部という形です。この場合、部品工場の日程計画が変化すると、自動的に全体計画のガントチャートが変わる形が望ましいです。ところが、階層的にガントチャートを操作できる手軽なシステムはほとんどありません。そこで、個別組立会社向けのガントチャート作成テンプレートツールの開発を検討しています。

ガントチャートで進捗を管理する

　ガントチャートは計画作成だけではなく、進捗管理にも使えます。前ページに示した図は、ガントチャート上で計画だけではく実績進捗も管理できるようにしたもので、二重線表記と言います。このチャートを見れば、計画に対する実績の遅れがすぐにわかります。生産管理システムの実績データをガントチャートに取り込むことで、こうしたチャートの作成が可能です。

　また、進捗管理のための表記方法として、イナズマ線表記という方法もあります。どこの工程が進んでいるか遅れているかを、的確につかめるイナズマ線表記の方が二重線表記よりもわかりやすいです。

PERT（クリティカルパス）でリードタイムを管理する

　PERT[18]とは、米海軍がプロジェクト管理のためにつくった工程管理手法です。複数の作業工程に分かれて生産するような、複雑な製造計画の立案に用います。アローダイヤグラムという表記法を用いて、作業の関係性を表記します。1つの作業を矢印（アロー）で表し、点で示したイベント間を結びます。

　アローに作業時間を定義することで、各イベントをいつ開始すればいいのかが簡単に可視化できます。

　最も遅い開始となるイベントを結んだ経路をクリティカルパスと呼びます。クリティカルパスとなる経路の作業時間合計が、その製品の製造作業にとって最低限必要なリードタイムです。クリティカルパス以外の経路は時間的に余裕があり、焦って作業をする必要はありません。

　PERTでは、リードタイムがばらついているときに用いることが多い標準リードタイム計算方法も紹介しています。それが4-1項で紹介した期待リードタイムの計算式です。

18　Project Evaluation and Review Technique の略です。

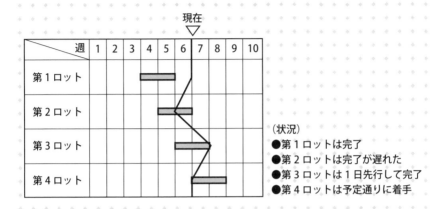

イナズマ線表記の例

週	1	2	3	4	5	6	7	8	9	10
第1ロット										
第2ロット										
第3ロット										
第4ロット										

現在

（状況）
●第1ロットは完了
●第2ロットは完了が遅れた
●第3ロットは1日先行して完了
●第4ロットは予定通りに着手

現在日付よりも左に出ている線は遅れを、右に出ている線は予定よりも進んでることを示す

アローダイヤグラムとクリティカルパス

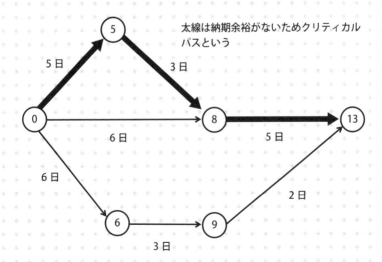

太線は納期余裕がないためクリティカル
パスという

　リードタイム短縮活動はさまざまな業務改善を伴うため、企業内ではなかなか進まないことも多いようです。こうした状況を打破するために、外部コンサルタントに支援してもらうことは効果がありそうです。

　工場の現場を訪ねると、コンサルタントに拒否反応を示す人が多数存在します。過去に「コンサルタントから一方的に改善手法を押しつけられた」「コンサルタントの指示で夜中まで余計な資料をつくらされた」など不満の声を聞くことも多いです。

　それでも、コンサルタントが参画する意味は大きいと断言できます。コンサルティング料は数十万円から高くても数百万円程度で、投資対効果の面でも大きな損にはならないはずです[19]。

🏭生産管理コンサルタントの役割

　リードタイム短縮を支援する生産管理コンサルタントの役割の1つに、生産管理知識の提供があります。生産管理業務は、他の業務に比べて理論的な話が多く、一般の人が生産管理理論を総合的に学ぶ場は限られます。それを補うのが、生産管理理論に精通したコンサルタントの存在です。生産管理理論を用いて、クライアント企業が遭遇している課題を解決するための仮説を探ります。得られた仮説についてクライアント関係者と討議したり、試行適用したりしてリードタイム短縮に向けた課題の解決を図ります。

　さらに、コンサルタントの過去の事例経験も参考になるはずです。多くの工場は、自社は特別と思っている傾向がありますが、実際には特殊な工場はほとんどありません。コンサルタントの改善経験を自社の改善活動に活かすことができれば、時間の節約が可能となります。

　コンサルタントには、プロジェクト内もしくは企業内での潤滑剤の役割を担うことも求められます。歴史の古い重厚長大型産業の工場の場合は、縦割り組織体質が強く残っていることが多く、他部門のことには口出ししないとか、自

19　数千万円以上の工数コンサル料を請求するコンサルタントは、不要不急な作業ばかりをしている可能性があり注意すべきです。

生産管理コンサルティングの目的例

●販売・在庫・生産計画と生産管理強化に関する方針を明確にする
▶工場の業務フローを整理する
▶在庫数量が適正か、実態を分析する
▶情報システムの活用状況を調査する
▶各計画の策定方針と作成方法を提言する
▶在庫管理や生産管理強化方針を提言する
▶製造現場や外部会社への生産指示と実績管理法を提言する
▶現行の生産管理システムに欠けている内容を提言する

事前にコンサルティング目的を提示して指導に入る

部門の防衛に走りやすい傾向があります。この問題を打破することも、潤滑剤としてのコンサルタントの大事な役割です。

📖 コンサルタントの選定

　実際に支援するコンサルタントには、企業を総合的に診断する目が欠かせません。コンサルタントの中にはクライアント企業の特性や現状を直視せずに、自分のアプローチに固執する人もいます。また、本当にコンサルタントなのか疑わしい肩書だけの人もいるため注意しましょう。

　コンサルタントの人選次第では、工場現場にアレルギーを起こすことも考えられます。その人選にはくれぐれも留意したいところです。

📖 コンサルティングの進め方

　次ページの図は、筆者がリードタイム短縮コンサルティングに入る際の進め方を示したものです。実際にこの進め方で、多数の製造工場でリードタイム短縮を実現してきました。コンサルティングプロジェクトは通常、月1回から2回の訪問を繰り返しながら実施します。期間は半年から1年程度が一般的です。

　プロジェクトでは、最初に対象製品の生産方式（受注生産か計画生産か）を整理します。あらかじめ会社のサイトなどから製品や取引先を確認することで、ある程度想定した上で、工場を見せていただいたり、関係者に業務内容や現状課題をヒアリングしたりすることで明確にしていくようにします。その過程で、当該工場の生産管理における重要ポイントを想定します。

　ただし、ヒアリングした課題が真の課題かどうかはわからないため、鵜呑みにはしません。また、中にはハロー効果で話される方もいます。ヒアリングでは、各製品の生産計画がどうやって立てられているのか、どのように納期管理しているかも確認します。上記の生産方式に沿った計画が立てられているかを確認するとともに、改善活動の当事者になる対象部署を明確にします。

　リードタイム分析と在庫分析も、できるだけ行うようにします。この分析により、数値的に浮き彫りなったものが真の課題です。分析を実施することで、クライアントが気づいていない課題が出てくることも多くあります。

　こうしたステップを経た上で課題の原因仮説をつくり、PDCA的に改善の試行錯誤を繰り返しながらプロジェクトを遂行していきます。

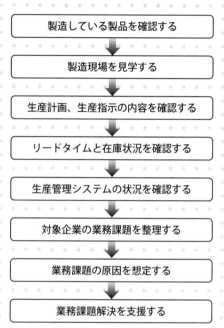

生産管理コンサルティングの実施

製造している製品を確認する

↓

製造現場を見学する

↓

生産計画、生産指示の内容を確認する

↓

リードタイムと在庫状況を確認する

↓

生産管理システムの状況を確認する

↓

対象企業の業務課題を整理する

↓

業務課題の原因を想定する

↓

業務課題解決を支援する

PDCAによる成果を確認

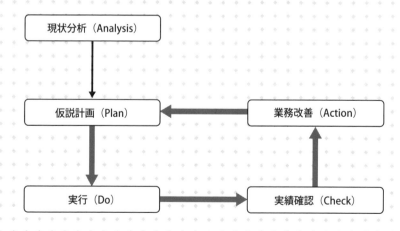

現状分析（Analysis）

↓

仮説計画（Plan） ← 業務改善（Action）

↓

実行（Do） → 実績確認（Check）

関連部門を集めた改善検討会を定期的（月1〜2回）に実施し、試行錯誤で改善を進める

5-3 〉 納期管理にIoTは使えない

　近年、インターネット回線の進化とともに、IoTへの期待が集まっています。IoTとはInternet of Thingsの略で、機械やセンサーとコンピュータをインターネット回線で接続し、大量データを収集して利用する仕組みのことを指します。構内で接続する場合は、インターネット回線ではなく構内LAN回線を使いますが、その場合もIoTと呼ぶことがあります。

🏭 工場IoTは目新しくはない

　工場内の製造機械とコンピュータを結ぶ工場IoTは、それほど目新しいものではありません。高速構内ネットワーク回線で機械とコンピュータを結んで制御する試みは、30年ほど前から行われてきました。

　当時はそれをFMSとかCIM、DNCと呼んでいました。当時のIoTと比べてインターネット回線は高速化しましたが、コントロールできる内容について変化はほとんどありません。工場で当時よりも進歩したのは、ネットワークではなくデータ収集方法が多様化したことです。

🏭 工場IoTには2種類ある

　工場で使われているIoTには大きく3種類あります。①製造設備や製造機械のコントローラーに接続するタイプ、②表示装置に接続するタイプ、③光センサーや加速度センサーなどのセンサーに接続するタイプです。

　コントローラーに接続する方がさまざまなデータをとることができるため、工場IoTはこれが主流です。NC装置メーカーやPLC[20]装置メーカー、ロボットメーカーなどが、このタイプのIoTシステムを盛んに売り込んでいます。

　古い機械のコントローラーの場合は、簡単に接続することはできません。その代わりに、表示装置に接続して使うタイプが普及しています。代表がパトライト社の回転灯に接続して稼働状況を取得するタイプです。最低限の稼働データを収集できるため、稼働監視としては十分な工場も多いです。

　センサーネットワークやカメラをラズベリーパイという小型コンピュータに

20　Programmable Logic Controllerの略です。

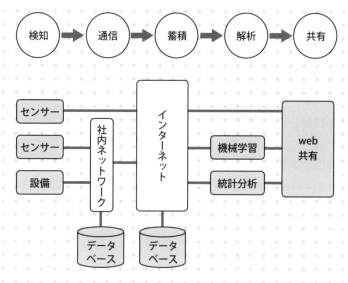

工場のIoTの基本

検知 ▶ 通信 ▶ 蓄積 ▶ 解析 ▶ 共有

センサー ── 社内ネットワーク ── インターネット ── 機械学習 ── web共有

センサー

設備 ── 統計分析

データベース データベース

機械（設備）とコンピュータをネットでつないで大量データを収集・分析する

1980年代に流行したFMS

メインフレーム

ファクトリーコンピュータ

工場内ネットワーク（MAP）

自動倉庫　　無人搬送車（AGV）　　ロボット　　NC工作機械

つないで、データ収集するIoTも出てきています。この方式は自由なIoTを安く構築でき、中小規模でも導入する工場が増えています。

🏭 工場IoTの活用法

工場IoTの具体的な活用事例を見ると、主に4つの用途が中心です。

①製造機械を直接制御する

製造機械のコントローラーとコンピュータを接続し、離れた場所から機械の稼働を直接制御します。自動化工場やプラント工場のMESの使い方と同じです。

②製造機械の稼働状況を監視する

製造機械がどの程度稼働しているのか、どんな状態で稼働しているのかというデータを収集し、稼働率の解析や稼働状況の分析を行います。現在の工場IoTの代表的な使い方です。

③製造機械の故障を監視する

何らかの原因で製造機械が止まったり故障したりしたときに、それを感知するとともに遠隔保守する機能です。メンテナンス工数の削減、MTTR（平均修復時間）の短縮を目指します。

④製造機械の予防保全をする

製造機械の稼働データを分析することで、消耗品の交換時期やMTTF（平均故障間隔）短縮を目指します。AIとの連携も模索されています。

🏭 工場IoTは納期管理には使いにくい

部品工場の納期管理用途では、IoTの活用はあまり進んでいません。機械の稼働情報を見ているだけでは、生産進捗の把握ができないからです。

生産進捗をタイムリーに捉えるためには、製造機械ではなく加工部品（ワーク）の動きを捉えなければなりません。これを効率的に行えるIoTの仕組みが見当たらないからです。加工部品や運搬具にRFIDセンサーをつけて収集する形もありますが、費用の割りにはバーコード利用時と大きな違いが出てきません。

納期管理用のIoTが普及するためには、センサーのコスト低減と、離れた場所からでも精度の高いデータが読み取れるシステムの開発が待たれます。

IoTで設備稼働を監視

製造業者のIoTは機械のリモート稼働監視が基本

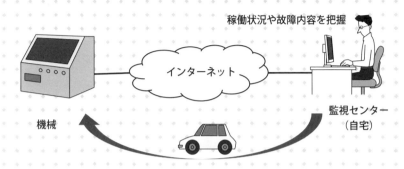

稼働状況や故障内容を把握

インターネット

機械

監視センター
（自宅）

●現地にいなくてもリモートで稼働監視できる
●稼働状況を分析することで稼働率悪化の原因分析ができる
●故障する前に機械の異常を感知することができる
●夜間無人になる工場ラインでも自宅から監視できる

回転灯で稼働を監視

機械の稼働時間を収集する

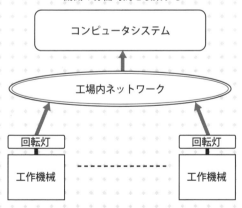

コンピュータシステム

工場内ネットワーク

回転灯

工作機械

回転灯

工作機械

回転灯からとれるデータ
◇機械稼働中の時間（時刻）
◇機械停止中の時間（時刻）
◇セットアップ中の時間（時刻）

超高速開発ツールへの期待

部品工場の納期管理を強化するためには、情報システムの活用は欠かせません。工場の情報システム構築というと、ERPや生産管理パッケージのようなシステムを利用するのが普通と考えている人も多いかと思います。

ところがパッケージを利用しても、思っていたようにはシステム開発費用が安くならないとか、パッケージを利用することで利用者から機能面や使い勝手面での不満が高まるというような問題が多発しています。そのため、最近では超高速開発ツールを使ったオリジナルシステム開発を志向する会社が増えています[21]。

超高速開発ツールとは何か

超高速開発ツール（最近はローコード開発ツールとも言う）とは、業務システムの開発作業を効率化して、短期間かつ少ない開発工数でシステム開発するための開発ツールの総称です。ウォータフォール型開発手法の1/3以下の開発工数でシステムを構築できます。

超高速開発ツールは単なる自動プログラミングツールとは違い、リポジトリと呼ばれるシステム設計データベースに設計情報を登録することで、自動的に業務システムを自動生成します。リポジトリを使うことによって、システム開発だけではなく、システムの修整作業やシステムの保守作業も効率的にできるようになります。リポジトリの管理機能が充実しているツールの場合は、システム開発工数だけでなく、システム設計資料などのドキュメントの作成やメンテナンス工数を減らすことが可能です。

具体的なシステム生成方法には、リポジトリからプログラム（ソースコード）をつくり出すコード生成型と、リポジトリ設定に従ってツールのエンジンが動作する実行エンジン型の2種類があります。

超高速開発ツールはユーザー企業にとっては魅力的ですが、工数商売を基本とする日本のシステム開発会社やSI会社のビジネスモデルには合いませんで

---

21 住友電気工業や日立建機の生産管理システムが代表事例です。

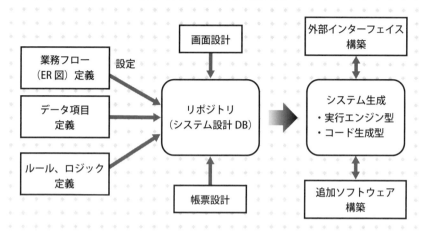

超高速開発ツールの構成

業務フロー（ER 図）定義	設定
データ項目定義	画面設計 → リポジトリ（システム設計 DB）
ルール、ロジック定義	帳票設計

外部インターフェイス構築

システム生成
・実行エンジン型
・コード生成型

追加ソフトウェア構築

超高速開発ツールを使うと、ERP パッケージをカスタマイズ導入する
半分ほどの費用で、自社業務にマッチしたシステムの個別開発が可能

開発工数が少ない理由

◇ システムを自動生成するのでプログラム作成が要らない

◇ プログラミングがないので単体テストが最小限で済む

◇ リポジトリで管理しておりシステムの修整が簡単にできる

◇ プロトタイプ画面を確認しながら開発できる

◇ 設計ドキュメントはシステムが自動生成する

◇ 最新の設計情報が常に取り出せ、設計変更管理が要らない

◇ 修整する場合の変更点を簡単に洗い出すことができる

◇ 問題が起きたときの影響を調査することができる

◇ プログラミングスキルが低い人でもツールを使いこなせる

した。システム開発業者が使おうとしないために、超高速開発ツールの普及は
ユーザー企業の自社開発が中心となっています。

🏭 プロトタイプ開発手法で開発する

　超高速開発を使った業務システムの新開発手法として、期待を集めているの
がプロトタイプ開発です。プロトタイプ開発とは、業務分析で確認した内容を
ベースに見本となるプロトタイプ（試作品）をつくり、仕様検討はプロトタイ
プを操作しながら進めていくというアプローチです。利用者はプロトタイプを
操作することで、早い段階でシステムのイメージを確認でき、開発期間の短縮
や開発費用を安く抑えることが可能です。

　プロトタイプ開発は、工業製品開発の世界では当たり前のように行われてい
る手法ですが、システム開発現場ではほとんど行われていませんでした。それ
は、簡単にプロトタイプをつくるツールがなかったためです。

　この問題の解決策として、期待を集めているのが超高速開発ツールです。超
高速開発ツールを利用すると、実際に動作するプロトタイプシステムを簡単、
かつ早くつくることができる上に、そのまま修整しながら本番システムに仕立
て上げることも可能です。自社に合った業務システムの開発を志向する情報シ
ステム部門で、超高速開発ツールを利用したプロトタイプ開発が広がっていま
す。パッケージの利用は今や時代遅れと言ってもいいかもしれません。

🏭 生産管理テンプレートを開発途上

　部品工場をはじめ、多くの製造業のコンサルティングに取り組む中で、市販
されている生産管理パッケージの機能と、ユーザー企業の業務形態がそもそも
合わないケースが多数あることがわかってきました。特に次の4つの業務管理
が問題になっており、手作業やExcelで誤魔化しながら業務運営している工場
が多いことがわかりました。
　①部品加工工場での製造ロット番号管理型工程管理業務（3-3項、5-5項）
　②単一工程型部品加工工場の製造計画と実績管理業務（5-6項）
　③ガントチャートを利用した計画・進捗管理機能（5-1項）
　④繰り返し部品工場の内示情報の管理機能（1-5項）
　筆者の会社では超高速開発ツールを用い、上記業務向けのテンプレートシス
テムを作成しているところです。テンプレートにデータを入力することでプロ
トタイプシステムとしても使え、仕様検討に利用することも可能です。

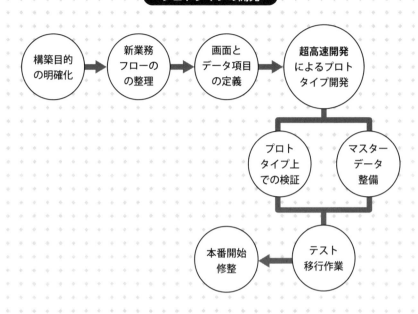

プロトタイプの開発

構築目的
の明確化
→
新業務
フローの
の整理
→
画面と
データ項目
の定義
→
超高速開発
によるプロト
タイプ開発

プロト
タイプ上
での検証

マスター
データ
整備

本番開始
修整
←
テスト
移行作業

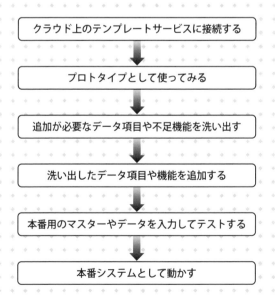

生産管理テンプレートの活用方法

クラウド上のテンプレートサービスに接続する

プロトタイプとして使ってみる

追加が必要なデータ項目や不足機能を洗い出す

洗い出したデータ項目や機能を追加する

本番用のマスターやデータを入力してテストする

本番システムとして動かす

5-5 クラウド版工程進捗管理ツールを開発

⚑ 工程進捗管理ツール開発の背景

　部品工場の納期遅れ問題を解決するためには、3-2項で紹介したリードタイム分析が欠かせません。ところが、MRP（ERP）ユーザーやExcelで生産管理する部品工場の中に、リードタイム分析ができない部品工場が多数存在することがわかってきました。

　そうした部品工場に手軽に使ってもらうために、筆者の会社が主体で開発したのがこの工程進捗管理ツールです。ツールは、製造指示書（現品票）をベースにした製造ロット番号管理で管理します。

⚑ 工程進捗管理ツールの使い方

　工程進捗管理テンプレートでは、「製造ロット番号」のついた製造指示書（現品票）を製造工程に流して使います。各工程現場は製造指示書の内容に従って製造着手し、指示ロット数量分の製造が完了した時点で製造指示書に印字されているロット番号のバーコードを入力し、製造完了（可能であれば着手）情報を入力します。

　工程進捗管理ツールには進捗管理画面のほかに、リードタイム（滞留期間）分析画面や仕掛在庫の管理画面を標準で用意しました。標準機能の分析画面や管理画面を見ることで、異常な製造リードタイムや仕掛滞留在庫、各工程での製造数量（製造時間）の変動などを監視でき、リードタイム短縮や生産性向上のために工場現場や生産管理部門が何を改善すればいいかのヒントをつかむことができます。

　工程進捗管理ツールはクラウド形態で提供するため、ユーザー工場ですぐに利用できます。すでに複数の工場でテスト利用を開始しました。また実際にはツールを使わずに、ツール画面を自社システムを強化する際の参考材料として使っていただいた工場もあります。

⚑ 工程進捗管理ツールのターゲット工場

　工程進捗管理ツールの主なターゲット工場は、以下の特徴を持った工場と想

工程進捗管理ツールの利用目的

作業進捗
情報の収集

仕掛品
情報の収集

工程負荷
情報の収集

品質管理
情報の収集

原価データ
の収集

工程進捗管理ツールの画面例①

定しています。もし、このような工場で管理ツールの利用を検討する方がいれば、筆者までご連絡ください。

①繰り返し受注生産型で加工部品を生産する部品工場

②取引先からの内示情報などで、加工部品を先行生産する部品工場

③ロット単位で複数工程を流すタイプの製造加工をしている部品工場

④製造現場の力が強く、計画指示通りの製造がしにくい部品工場

⑤取引先や営業部門による計画変更多発に悩まされている部品工場

⑥同じ製品にもかかわらず製造リードタイムが大きく変化する部品工場

⑦MRPによる工程指示を導入したことで混乱している部品工場

⑧スケジューラーを入れたにもかかわらず満足に機能していない部品工場

🏭 工程進捗管理ツールの主な機能

工程進捗管理ツールの主な機能を列挙しました。

①各製品の製造基本情報の登録

②製品別の工程順序や使用材料の登録

③製造ロット番号による製造進捗管理

④製造ロット番号を利用したリードタイム、仕掛品、工程負荷などの管理・分析（工程滞留時間の管理を重視）

⑤各製造工程における製造実績管理（基本は数量ベース。製造時間や重量による管理も可能）

⑥製造ロットの分割対応（数量分割、納期分割、内外作変更など）

⑦標準リードタイムを用いた工程予定時間の計算

⑧ロットトレース（納入先、製品ロットと製造ロット、材料ロットなどとの紐付け）

⑨オリジナル製造指示書（現品票）の作成（詳細作業指示情報印字など）

⑩バーコードによる実績入力機能

⑪内示、確定受注、在庫、生産数量に関する今後の推移を統合管理する画面（オプション）

⑫スケジューラーとの連携機能（オプション）

本ツールは、生産管理システム全体をカバーしているわけではありません。部品工場が製造指示書を使って管理すべき、最低限の機能が利用できるだけです。ただし、画面やデータ項目は簡単にビルドアップ（修整）できますので、本格的な生産管理システムに機能拡張することも可能です。

工程進捗管理ツールの画面例②

工程進捗管理ツールの画面例③

5-6 〉単一加工型製品工場の生産管理を考える

　単一加工型製品工場とは、原材料を1つの製造機械に投入して、新たな製品をつくり出す形の工場です。部品業界では中堅・中小規模のプラスチック成形部品工場、鋳造部品工場、金属部品工場などで見られる生産形態です[22]。

　大規模プラント工場では、自動制御システムによる自動化工場で製品をつくっていますが、中小や中堅規模の工場では自動制御で全体管理しているところはほとんどありません。

　人手や計量器で原材料を計量し、製造機械に投入して製造しているところがほとんどです。MESどころか、生産管理業務をシステム化している工場も少なく、多くはExcelで独自管理しています。そこで、単一加工型製品工場の生産管理システムの特徴について解説します。

📊 部品表ではなく配合表（レシピ）

　単一加工型製品の生産管理に使う部品表は、組立型製品の生産管理で使う部品構成表とは異なります。生産する製品に使用する原材料に関する所要量展開は、配合表（レシピ）や材料表を使って行われます。

　配合表などには使用する原材料の単位使用量が記されていますが、個数ではなく重量や容量で表示されます。料理に用いるレシピと同じ形です。配合表を使って原材料の使用量を計算し、製造機械への原材料投入指示や原材料の補充調達指示を行います。

📊 単位変換が必要になる

　このタイプの部品の生産計画は、重量や容量と個数が混在します。そのため製造工程の途中で、生産量に関する単位変換が必要になる場合があります。たとえば材料投入指示は重量や容量なのに、部品の出来高管理は個数で管理するような形です。こうした工場の生産管理システムでは単位変換機能が必須となります。さらに、余ったり仕損じた材料の再利用の管理も必要になります。

22　このような形態の工場は食品工場や化学工場にも見られ、筆者はタンク型配合生産と呼んでいます。

単一加工型生産工場の例

◇ プラスチック成形品工場

◇ 鋳造品工場

◇ 鍛造品工場

◇ 織機工場

◇ 1つの種類の加工しかしない中小工場

◇ タンク攪拌型の食品製造工場

◇ タンク攪拌（反応）型の化学品工場

単一加工型生産工場の業務の流れ

販売情報から日単位の生産品目を決める

⬇

どの製造設備でつくるかを決める

⬇

配合表（レシピ）に基づき材料を用意する

⬇

材料を計量して製造設備に投入する

⬇

製造設備で製造する

⬇

ロット番号と製造実績情報を記録する

⬇

製品にロット番号シールを貼り付ける

⬇

完成した製品を在庫する（出荷する）

⛏ 製造機械の製造計画のシステム化が重要となる

中堅規模以下の工場では、製造機械をたくさん持つことはできません。また製造機械はあっても、金型は限られるというような工場もあります。そのため製品品種が増えてくると、製造機械や金型などの製造スケジュールをどのように管理し、効率的な製造をするかが重要となってきます。

製造機械による製造は製造時間だけでなく、原材料の投入や洗浄作業などの段取り替え作業にも時間がかかります。また、製品によっては特定の製造機械しか利用できないという制限が生じるものもあります。

生産管理システムの管理主体としては、原材料の調達よりも製造機械のスケジュール管理が重要です。

MRPパッケージは、こうした計画・調整作業が苦手としています。生産管理システムと言えばMRPと硬直的に考えている生産管理パッケージベンダーは、単一加工型製品工場の生産計画管理のニーズを十分に理解せず、MRPパッケージを押しつけようとすることがあります。この状態では、適切な管理は困難です。原材料の調達計算に使うという程度の使い方しかできません。

また、製造機械のスケジューリングが重要ということで、短絡的に生産スケジューラーの提案をするベンダーもあります。製造機械のスケジューリングに生産スケジューラーを利用するとオーバースペックになりやすく、ほとんどの工場で使いこなせずに埃を被るようです。

本来であれば製造機械のスケジュール管理機能を、生産管理システムの中核機能として個別開発するのが望ましいですが、自社にシステム開発要員がいないとそのようなシステムを開発することができません。

⛏ 製造実績情報の記録を保存しておく必要がある

単一加工型製品の製造では、毎回の製造作業の実績情報を細かく記録しておくことが必要です。品質問題が起きたときに各ロットの製造情報を追いかける必要が生じるため、毎回製造記録をとって保管しておくのが一般的です。

記録しておく内容は、工場の製造方法や製造ノウハウによって異なるため、標準化しにくいケースが多いです。生産管理システムとは別に、製造情報データを保管するシステムの構築が求められます。この機能もパッケージでは対応しにくいため、困っている工場も多いです。

生産計画の作成

生産計画入力画面（案）

工場名 [　　　　　　　]

確定	製造No.	製品名	製品仕様	数量	納期	製造機械	生産日	材料在庫	生産完了
	1	○○	ABC	10,000	6月2日	1	6月1日		
	2	△△	CDE	20,000	6月2日	2	6月1日		
	3	▲▲	FGH	15,000	6月2日	1	6月1日		
	4	××	IJK	30,000	6月2日	4	6月1日		

生産日	製造機械1			製造機械2			製造機械3		
	製造No.	製品名	数量	製造No.	製品名	数量	製造書No.	製品名	数量
6月1日	1	○○	10,000	2	△△	20,000	4	××	30,000
	3	▲▲	15,000						
	合計		25,000			20,000			30,000
6月2日									
	合計								
6月3日									
	合計								
6月4日									
	合計								
6月5日									
	合計								

●未定のグレーの部分を入力すると下部の日程表に自動的に反映される

各生産管理システムの比較

システムの種別	単一加工製品システム	工程管理システム	MRPシステム
ターゲット工場	材料加工が主体の工場	部品工場	製品組立工場
システム化の主目的	製造設備単位の製造管理	製造工程の進捗管理	構成部品のJIT手配
主要BOM	配合表	工順表	部品構成表
部品展開計算	必要	必要ないことが多い	必要
管理数量単位	重量か容量が基本	個数が基本	個数
重量・個数単位変換	基本的に必要	必要なケースもある	基本は不要
設備スケジューリング	重要	将来的に必要	必要なケースもある
製造実績管理	重要	必要なケースもある	必要なケースもある
パッケージ	ほとんどない	簡単な機能のものがある	生産管理パッケージの中心

新規取引先開拓の落とし穴

　新型コロナウイルス感染症問題によって日本の部品工場は大打撃を受けました。親会社の生産縮小のあおりを受けて、売上減少や一時帰休を余儀なくされた工場が続出しました。特定企業への依存度が高かった部品工場で、苦境に追い込まれたところが多かったようです。

　そんな厳しい環境下であっても、売上を伸ばしている部品工場もあります。たとえば製品会社の生産体制の国内回帰や、同業者の廃業などによって、新規取引先を増やした工場などです。

　そんな部品工場にも、気をつけてもらいたいことがあります。それは、取引先が増えれば増えるほど納期管理が難しくなることです。

　取引先が増えれば必然的に生産品種は増えて、多品種少量化が進展します。また取引先によって注文、内示、納品指示、在庫保障などの考え方も異なってきます。特定企業だけを相手していた企業の場合は、細かな納期管理対応に慣れていないことも多いでしょう。先方の納期対応に関する発注条件と、自社の生産体制や納期管理体制に齟齬はないのか、現状の自社の生産管理体制で十分な納期対応ができるのか、こうしたことをしっかりと検討してから新規取引を開始することが大切です。

　いくら売上が増えるからといって、十分な納期管理体制がないままで取引を開始すると、思わぬ落とし穴が発生して取引先に迷惑をかけることも心配されます。

おわりに
~アフターコロナ時代の部品サプライチェーン

　新型コロナウイルス感染症問題を契機に、今までの製品や部品のサプライチェーン体制を見直す動きが急増しそうです。ここでは、本書の締めくくりとして、今後の動きを推測してみました。

海外生産、海外調達リスクを見直す動きが浸透する

　今回の感染症問題で、自由なグローバリズムが幻想に過ぎないことが明白になりました。感染症対策のために人やモノの移動を制限する国が続出し、工場の稼働も相手国政府の考え方次第という形になりました。企業が何らかの対策をとろうにも簡単にはいかず、問題が収まるのを企業は待つしかありません。

　特に深刻な問題となったのが、輸入や輸出を特定国に依存することの危険性です。人件費が安いからと生産を中国に依存していた製品会社や、輸出を中国市場や米国市場に過度に依存していた製品会社の売上が急速に落ち込みました。各企業は、何のためにその国に依存していたのかを考え直すときにきています。日本で問題なく製造できるのに、わざわざ中国や海外で生産する必要が本当にあったのか。海外販売を強化するにしても、地産地消を目指すべきではなかったか。今後、海外生産体制などグローバルサプライチェーンの見直しをする企業が増えてくると予想されます。

　そうした中で、「当社は製品生産も部品生産も現地工場で行っているため、サプライチェーン問題は起きにくい」、と感染症問題前にこう説明されていたサプライチェーンが、必ずしもそうではなかったことが明らかになりました。大半の部品は生産国で調達していたと思っていたら、実は下請けの現地企業がキーパーツは日本もしくは中国から調達しており、コロナウイルス問題で部品が入手できなくなったというケースも目につきました。今後は2次下請け、3次下請けを含めた国内外のサプライチェーン全体の調達体制を管理し直す必要性が出てくると考えられます。

　ただし、海外生産から国内生産に回帰しようとしても、肝心の国内の生産体制が機能していない状態では実現できません。今回はこの問題もクローズアップされました。海外生産重視体制をとってきた企業ほど、日本の生産体制が疲

弊している可能性が高いと見られています。コロナウイルス問題で売上が激減した部品会社の中には、自主廃業を選択する会社も多数出ると予想されます。そうなると、日本工場での生産を増やそうとしても、簡単に増やすことはできません。

安全在庫を増やす必要が高まる

さらなるリスク問題として考えなくてはならなくなったのが、安全在庫の問題です。本文でも紹介しましたが、日本の製造業界にはトヨタ生産方式の影響から、「在庫は悪」という発想が広く浸透しています。その影響により、部品工場に対してジャスト・イン・タイム（JIT）納入を要求する企業が多数出てきました。ところがJIT納入体制には、感染症問題や災害などで供給に支障が生じると、生産がストップしやすいことがわかりました。今後は過度な在庫削減を改め、生産変動対応安全在庫の積み上げが求められるようになると考えられています。

情報システムの見直しが加速する

情報システムを駆使したサプライチェーン上の進捗情報共有の重要性についても、見直しの動きが出始めています。人の移動や接触が制限される中では、情報システムによるリアルタイム監視がないと、製造業の経営は十分にできません。いくら本社がテレワーク勤務を推奨しても、納期調整役が工場内を飛び回らないと進捗管理ができないようでは意味がありません。ところが、日本の製造業者の情報システムは、情報の把握やシステム間での情報連携が不十分な状態にあることがわかりました。

最新のERPを入れていたにもかかわらず、海外工場のみならず国内工場の工程進捗すら適切に把握できない企業も多数露見しました。今までは人の出張で、情報システムの不備を補完することができました。ところが、感染症問題が起きると人の移動が制限されるため、情報システムが機能していないと十分な管理が行えません。

この機会に、生産管理システムの抜本的な見直しを図る工場が増えてくると予想されます。キーワードは「リアルタイム工程進捗管理システム」と、それを支える「クラウドシステム（脱自前サーバ）」「脱ERPパッケージ」「脱Excel」になるのではないでしょうか。

日本では、クラウドシステムはセキュリティ面に難があるから自前サーバが

必要とか、ERPパッケージに業務を合わせるのが世界基準というような、ITベンダーの宣伝文句をそのまま信じる企業関係者がいます。技術革新やビジネス環境の変化が激しい中で、自前サーバやERPなどの柔軟性の低い情報システムに固執すると、変化から取り残される可能性があります。

部品工場は、親会社の動向やサプライチェーンの変化に追随できなければ、事業そのものが成り立たなくなることも考えられます。まして2-4項で紹介したように、業務システムにExcelを使い続けるようなことは論外です。この機会に、ERP + Excelに代表される時代遅れのシステム（レガシーシステム）から脱皮すべきでしょう。

これからの部品工場が強化すべき情報システムのキーワードは、サプライチェーン全体を通じた「リアルタイム工程進捗管理システム」の実現です。自社の管理システムは、まだそれには程遠いという工場も多いことと思いますが、アフターコロナ時代に生き残るために情報システムの強化は欠かせません。

本書の出版に際しては、さまざまな方にお世話になりました。過去のコンサルティング活動を通じて知り合いました多くの企業や同士の皆様、本書出版の機会を与えていただきました日刊工業新聞社ほか、皆様のご多幸をお祈り申し上るとともに、心より感謝申し上げます。

参考文献

⑴誰も教えてくれない「生産管理システム」の正しい使い方　著者：本間峰一
　日刊工業新聞社
　　同書は、工場が生産管理システムを活用しようとした際に直面しやすい課題、さらに工場関係者がそれらの課題にどう向き合えばいいかをわかりやすく解説した本です。「高額な費用を出してERPや生産管理システムを導入したが、今までは普通にできていた管理ができなくなった」というような悩みを抱えている方のために、生産管理理論に関する基礎知識、生産管理の現状、課題、改善対策などをできるだけわかりやすく解説してあります。

⑵誰も教えてくれない「工場の損益管理」の疑問　著者：本間峰一
　日刊工業新聞社
　　同書は、儲かる工場にするにはどうすればいいかを、工場関係者の視点で整理し直した本です。今までの会計の本と言えば「財務諸表の説明」「会計仕訳の解説」「収益性、安全性といった数値分析」など専門記述が中心でした。こうした本は、一般人には敷居の高い話ばかりです。工場の人が感じることの多い、経理部門とのやりとりに関する疑問から説き起こして、工場における損益管理の基礎を平易に解説してあります。

⑶生産システムの市場適応力　著者：富野貴弘　同文館出版
　　同書は自動車業界、電機業界の企業を題材にした生産サプライチェーンの実像を紹介した本です。同業界の部品会社が、自社が所属するサプライチェーンの実像を理解する参考になると思われます。

⑷世界を動かすプロジェクトマネジメントの教科書　著者：佐藤知一
　技術評論社
　　本書ではあまり触れなかった「プロジェクト型の納期管理」の教科書です。

⑸"JIT生産"を卒業するための本　著者：生産革新フォーラム　日刊工業新聞社
　　JIT生産対応で悩んでいる工場のための参考書です。

索引

〈著者紹介〉

本間 峰一（ほんま みねかず）

株式会社ほんま　代表取締役

1958年生まれ、東京都出身。電気通信大学電気通信学部応用電子工学科卒業。
NEC製造業システム事業部、みずほ総合研究所コンサルティング部を経て、2012年に経営コンサルタントとして独立（株式会社ほんまコンサルティング事業部として活動）

主に中堅製造業者の収益性改善、リードタイム改善、生産管理システム活用などのコンサルティングを実施中。

東京都中小企業診断士協会会員
東京都中小企業診断士協会中央支部認定「生産革新フォーラム研究会」代表
川崎市中小企業サポートセンター派遣専門員
東京都中小企業振興公社　派遣専門家
ICT経営パートナーズ協会　理事
アドバンスト・ビジネス創造協会　チーフコンサルタント
日本生産管理学会会員、システム監査人協会会員。

主な資格：中小企業診断士、情報処理技術者（システムアナリスト、システム監査、プロジェクトマネージャ、アプリケーションエンジニア）
主な著書：『コストダウンが会社をダメにする』『社長が「在庫削減！」を言い出した会社は成長しない』『受注生産に徹すれば利益はついてくる』『誰も教えてくれない「工場の損益管理」の疑問』『誰も教えてくれない「生産管理システム」の正しい使い方』『"JIT生産"を卒業するための本』（以上日刊工業新聞社）『サプライチェーン・マネジメントがわかる本』『生産計画』『失敗しないERP導入ハンドブック』（以上日本能率協会マネジメントセンター）など

本書に関するお問い合わせ、コンサルティングに関するご相談は下記にご連絡ください。
株式会社ほんま　コンサルティング事業部
ホームページ　http://www.homma-consulting.jp/
E-Mail：m.homma@mbf.nifty.com

誰も教えてくれない
「部品工場の納期遅れ」の解決策　　　　　　　　NDC509.6

2020年10月27日　初版1刷発行　　　　　　定価はカバーに表示されております。

　　　　　　　　　　　　ⓒ著　者　本　間　峰　一
　　　　　　　　　　　　　発行者　井　水　治　博
　　　　　　　　　　　　　発行所　日刊工業新聞社
　　　　　　　　　　〒103-8548　東京都中央区日本橋小網町14-1
　　　　　　　　　　電話　書籍編集部　　03-5644-7490
　　　　　　　　　　　　　販売・管理部　03-5644-7410
　　　　　　　　　　　　　FAX　　　　　03-5644-7400
　　　　　　　　　　振替口座　00190-2-186076
　　　　　　　　　　URL　https://pub.nikkan.co.jp/
　　　　　　　　　　email　info@media.nikkan.co.jp
　　　　　　　　　　印刷・製本　新日本印刷

落丁・乱丁本はお取り替えいたします。　　　2020　Printed in Japan
　　　ISBN 978-4-526-08094-4　C3034

本書の無断複写は、著作権法上の例外を除き、禁じられています。

日刊工業新聞社の売行良好書

誰も教えてくれない
「生産管理システム」の正しい使い方

本間峰一 著
A5判 192ページ 定価：本体1,800円+税

誰も教えてくれない
「工場の損益管理」の疑問

本間峰一 著
A5判 184ページ 定価：本体1,800円+税

Asprova 解体新書
生産スケジューラ使いこなし再入門

高橋邦芳 著
A5判 240ページ 定価：本体2,300円+税

異物不良「ゼロ」徹底対策ガイド
一般エリアからクリーンルームまで即効果が出る

中崎勝 著
A5判 200ページ 定価：本体2,000円+税

ポカミス「ゼロ」徹底対策ガイド
モラルアップとAIですぐできる、すぐ変わる

中崎勝 著
A5判 184ページ 定価：本体2,000円+税

工場IoT技術者のためのPLC攻略ガイド
よくわかるラダー言語の基本と勘所

山田浩貢 著
A5判 192ページ 定価：本体2,400円+税

バルセロナのパン屋にできた
リーン現場改革

ファン・アントニオ・テナ、エミ・カストロ 著　成沢俊子 訳
A5判 136ページ 定価：本体1,600円+税

日刊工業新聞社 出版局販売・管理部

〒103-8548　東京都中央区日本橋小網町14-1
☎03-5644-7410　FAX 03-5644-7400